LES TROIS PROJETS

D'EXPLORATION AU POLE NORD.

Extrait des *Annales des Voyages*, 1868.

Paris. — Imprimé par E. Thunot et Ce, rue Racine, 26, près de l'Odéon.

LES TROIS PROJETS

ANGLAIS — ALLEMAND — FRANÇAIS

S. OSBORN. — A. PETERMANN. — G. LAMBERT.

D'EXPLORATION AU POLE NORD

EXPOSÉ HISTORIQUE ET GÉOGRAPHIQUE DE LA QUESTION

ACCOMPAGNÉ D'UNE CARTE POLAIRE NOUVELLE.

PAR V. A. MALTE-BRUN,

Secrétaire général honoraire de la Société de Géographie de Paris,
Directeur des Annales des Voyages,
Membre honoraire ou correspondant des Sociétés géographiques de Londres,
de Berlin, de Vienne, de Russie, de Leipzig, de Darmstadt, de Francfort s. M.
de Genève, de Mexico, et de l'Institut philosophique de Canterbury N. Z.

PARIS

CHALLAMEL AINÉ, LIBRAIRE-ÉDITEUR,

COMMISSIONNAIRE POUR LA MARINE, LES COLONIES ET L'ORIENT,

30, RUE DES BOULANGERS, ET RUE DE BELLECHASSE, 27.

1868

LES

TROIS PROJETS D'EXPLORATION AU POLE NORD.

EXPOSE HISTORIQUE ET GÉOGRAPHIQUE DE LA QUESTION.

Dans ces dernières années, le monde scientifique s'est vivement préoccupé d'une grande pensée, celle d'atteindre le Pôle Nord, ce point extrême de l'axe sur lequel pivote notre planète, ce point pour lequel l'année n'a qu'un jour et qu'une nuit, tous deux de six mois de durée, et dont aucun navigateur n'a pu approcher, jusqu'à présent, qu'à la distance de cent quatre-vingts lieues. Une plus complète exploration de l'océan Arctique intéresse, d'ailleurs, au plus haut degré la géographie générale, la physique du globe, l'histoire naturelle, l'ethnographie même; il n'est donc pas surprenant que les projets conçus par MM. Sherard Osborn en Angleterre, Augustus Petermann en Allemagne, et Gustave Lambert en France, aient captivé l'attention générale. Nous croyons répondre à l'intérêt public qu'excite LA QUESTION DU PÔLE NORD, en mettant sous les yeux de nos lecteurs l'exposé complet de chacun des trois projets, anglais, allemand et français ; en les faisant précéder d'une rapide esquisse de nos connaissances arctiques, et en terminant par quelques considérations sur les chances que présente à nos yeux chacune de ces entreprises.

I.

Coup d'œil d'ensemble sur l'océan Polaire arctique. — Son étendue. — Comment on y pénètre. — État de nos connaissances arctiques. — Les glaces polaires. — La température. — Les courants. — La mer libre au Pôle. — La vie animale au Pôle. — Les découvertes successives qui ont été faites dans l'océan Arctique. — Les voyages scientifiques au Pôle.

Dans son acception la plus large, l'océan Polaire arctique est cette partie des mers du Nord qui s'étend du Cercle polaire arctique, c'est-à-dire du 66° 30′ de latitude septentrionale jusqu'au Pôle arctique ; mais on peut aussi le regarder comme plus particulièrement déterminé par les côtes septentrionales de l'Europe, de l'Asie et de l'Amérique, au nord du 70e degré de latitude. Dans ces dernières limites, il forme, sur les côtes de l'Europe, la mer Blanche ; sur celle de l'Asie, la mer de Kara, les golfes d'Obi et d'Yénisséi ; sur la côte de l'Amérique, la mer de Baffin et le détroit de Davis qui conduisent au détroit de Smith (*Smith sound*) au nord, et au détroit de Lancastre à l'ouest. Les géographes et les navigateurs donnent à quelques parties de l'océan Arctique le nom du pays dont il baigne les côtes, de là les désignations de mer du Spitzberg, de la Nouvelle-Zemble, du Groenland, et de bassin Melville, appelé aussi Méditerranée arctique.

On pénètre dans l'océan Arctique par la mer de Baffin, par l'Atlantique septentrional, entre le Groenland et la Norvége et par le détroit de Béering (1).

Par le détroit de Davis on entre dans la mer de Baffin; le canal formé par la côte occidentale du Groenland, à l'est, et les terres de Cumberland, de Cockburn, de Wollaston, de Devon septentrional, de Lincoln septentrional, d'Ellesmere et de Grinnell, à l'ouest, va se resserrant de plus en plus pour former le Smith Sound, ensuite il s'élargit un peu plus et prend le nom de bassin de Kane, et il se rétrécit de nouveau pour former le canal Kennedy. Le cap Constitution, sur la côte du Groenland, le cap Union, sur la côte de la Terre Grinnell (*Grinnell Land*), marquent les points extrêmes de nos connaissances dans cette direction.

Le détroit de Lancastre qui s'ouvre à l'ouest, vers le 74e degré de latitude, entre la Terre de Wollaston et le Devon septentrional, et le détroit de Barrow qui lui fait suite, servent de vestibule au bassin Melville ou à la Méditerranée arctique; à leur extrémité s'ouvre, à droite, dans la direction du nord, le détroit Wellington où l'on s'obstina trop à rechercher les traces de Franklin, et où Bellot trouva une mort glorieuse dans l'accomplissement de son devoir; et à gauche, vers le sud, le détroit de Peel (*Peel Sound*), où dans l'origine on aurait eu plus de chance de rencontrer les navires

(1) Voir pour ces détails les *Cartes des Découvertes* et *des Terres arctiques* que nous avons données au cahier des *Annales des Voyages* de décembre 1859 et au *Bulletin* de la Société de Géographie d'avril et mai 1860.

Erebus et *Terror*. Là, dans un espace compris entre le 70° et le 78° de latitude, le 80° et le 127° de longitude occidentale du méridien de Paris se trouve ce labyrinthe de mers, de détroits, de terres indéterminées, encombrées de glaces et de glaciers qui nous ont été révélées par les expéditions envoyées à la recherche de Franklin de 1848 à 1855. Ce ne sera jamais par la voie du détroit de Lancastre et de cet enchevêtrement d'îles et de canaux qui sont à l'ouest de la mer de Baffin et du Smith Sound. que l'on pourra tenter, avec chance de succès, une expédition polaire ; reste donc la voie du Smith Sound, et du canal Kennedy, qui a été ouverte par Kane et Hayes, et à l'extrémité de laquelle on rencontrerait, suivant Morton et Hayes, *la mer libre, la mer ouverte de Kane*.

La navigation dans la mer de Baffin devient dangereuse dès son début, on a à lutter contre le courant polaire qui entraîne des blocs énormes de glace détachés des côtes, ou mis à la mer par les glaciers, tels, que ceux de Tyndall, et de Humboldt sur la côte occidentale du Groenland. Plus loin, vers le 78° 40′ à l'entrée du Smith Sound, en été même, le détroit est entièrement couvert de glaces, la navigation devient impossible et ce n'est qu'en traîneau que l'on peut franchir l'espace qui sépare ce point du canal Kennedy ; ici l'on retrouve des glaces rompues, brisées, au travers desquelles une petite embarcation pourrait peut-être se frayer un passage jusqu'à cette mer libre, la mer ouverte de Kane située dans l'est des caps Indépendance et Constitution. Le canal Kennedy se termine-t-il par un golfe comme la mer Adriatique et la mer Rouge, comme penche à le croire le docteur Aug. Petermann, rattachant ainsi le Groenland au reste des terres arctiques américaines ; ce qui rendrait impossible l'existence d'une mer libre; ou bien, comme le supposait Parry, le Groenland n'est-il qu'une île contournée au nord par cette partie du courant du Gulf-Stream qui va se perdre vers le Spitzberg, et reviendrait ainsi affaibli et refroidi vers l'équateur, c'est une question qu'il appartient à l'avenir de résoudre.

En pénétrant dans l'Océan arctique par le vaste espace de mer qui s'étend entre le Groenland et la côte de Norvége, on n'a pas à craindre immédiatement les obstacles, les dangers qui menacent le navigateur qui est entré dans la mer de Baffin. Cependant la navigation, nous parlons toujours de celle que l'on peut faire dans la saison la plus favorable, de juin en août, la navigation, disons-nous, n'est que bien rarement possible au nord de l'Islande, dans la partie de l'Océan qui avoisine le Groenland, la plupart du temps la banquise ne permet même pas de faire par le nord le tour de l'Islande, et la banquise s'étend vers l'est jusqu'à défendre souvent l'approche de la petite île volcanique de Jan Mayen, ce n'est que dans des années exceptionnelles que l'on peut même y aborder. En rangeant les côtes de Norvége on atteint facilement les côtes occidentales du Spitzberg jusqu'au 80e degré de latitude, quelques jours de navigation séparent Hammerfest de la baie de la Magdeleine, et de la baie de Treurenberg (1). Parry, des capitaines baleiniers, et tout récemment (1861) les membres de l'expédition suédoise au Spitzberg atteignirent même le 80° 41′. Mais au

(1) Voir la *Carte du Spitzberg* que nous avons donnée au cahier des *Annales des Voyages* de janvier 1866. — Voir l'*Esquisse physique des îles Spitzbergen*, par M. *Ch. Grad*, aux *Annales des Voyages* de janv.-fév. 1866. (M. Challamel a fait un tirage à part de cette intéressante étude.)

delà, une vaste plaine de glace paraît interdire la navigation; elle semble s'étendre au loin dans la direction du Pôle; cependant Parry et d'autres navigateurs assurent que dans la direction du nord-est elle laisse la *mer libre.* On sait que Parry s'avança en traîneau sur cette plaine de glace, en juillet 1827, jusqu'au 82° 45'. C'est jusqu'à présent la latitude la plus septentrionale qui ait été *certainement* atteinte par l'homme. Nous disons certainement, parce que l'on verra plus loin que si nous devions entièrement ajouter foi aux traditions, aux dires des marins, des baleiniers anglais ou hollandais, se seraient avancés jusqu'au 86e, au 89e degré de latitude, jusqu'au Pôle lui-même. A l'est du Spitzberg, entre ce groupe et la côte occidentale de la Nouvelle-Zemble aucune tentative sérieuse n'a été faite pour pénétrer directement vers le nord ou d'ailleurs rien n'appelait les marins; mais les baleiniers représentent la mer comme envahie de glaces tantôt soudées ensemble, *tantôt formant une masse inconsistante, tantôt isolées ou flottantes*, et qui pourraient peut-être, dans la saison favorable, permettre à un navire d'y pénétrer et de piquer droit au nord. Les abords des côtes de la Sibérie et, principalement, à partir de la Nouvelle-Zemble, sont défendus par une ceinture de glace qui cependant ne doivent guère dépasser la latitude des îles Liakow et de la Nouvelle-Sibérie et se terminent à la *Polynia,* cette *mer libre,* vue par les baleiniers, par Hedenstroem, par Wrangell, par Anjou, et dont la science, comme on le verra plus loin, démontre théoriquement l'existence.

Par le détroit de Béering, l'océan Arctique est loin d'avoir été aussi fréquenté que par les deux voies précédentes, Wrangell, Krusenstern, Kotzbue, Lütke,

Anjou, Cook, Kellet, Moore, Collinson, Mac-Clure, y ont pénétré longeant, les uns les côtes asiatiques, les autres la côte américaine, l'archipel de la Nouvelle-Sibérie marque le point le plus septentrional des reconnaissances russes; Wrangell, Kellet, Collinson ont vu par 72°-73° de latitude et vers le 180° de longitude du méridien de Paris quelques apparences de terre, et les cartes anglaises mentionnent vers le 179° de longitude occidentale et le 71° 10′ de latitude septentrionale, les deux îlots Plover et Herald vus par Kellet en 1848. Ce sont dans la direction du Pôle les points extrêmes de nos connaissances au nord du détroit de Béering. La carte de l'expédition de Wrangell porte à la hauteur du 72° de latitude et vers le 165° de longitude orientale du méridien de Paris les indications : *Opening in the ice*, ouverture dans la glace, *Thin ice*, glace légère, peu épaisse. Ce sont là de précieuses indications qui permettent de penser qu'une fois le détroit de Béering, franchi en obliquant vers l'ouest, on trouverait peut-être un passage pour s'avancer au delà de ce 73° de latitude, point extrême atteint par les marins. Au nord même, et probablement au nord-est, du détroit de Béering on rencontrerait des terres, celles qu'ont vu Wrangell, Kellet, Moore, et tout récemment en 1866 le capitaine Long, commandant du baleinier *le Nil*. Au delà de ce 73ᵉ degré de latitude tout est inconnu, à moins que nous n'ajoutions foi à une carte russe de 1855, que nous avons eue sous les yeux, et qui marquait par le 80ᵉ degré une longue ligne dentelée de *côte ou barrière de glace* (1).

(1) Voir la Carte des découvertes arctiques provoquées par la recherche de Sir John Franklin, que nous avons donnée aux *Annales des Voyages* de décembre 1859.

Il y a aujourd'hui autour du Pôle Nord un espace de 1,131,000 milles carrés de superficie encore absolument inconnu. Quel champ de découvertes intéressantes pour la physique du globe, le magnétisme, la météorologie, la géologie, la faune, la flore, l'ethnographie!!!

Une grande partie de l'océan Arctique est constamment couverte de glaces; elles sont suivant la latitude, la proximité de la terre. l'influence des courants qui les modifient, *Permanentes*, *temporaires* ou *flottantes*. Les glaces permanentes forment une ceinture le long des côtes septentrionales de la Sibérie, dans le détroit de Smith et le bassin de Kane, au nord de l'Islande et de l'île de Jan Mayen; les glaces temporaires se montrent dans les mers du Spitzberg et de la Nouvelle-Zemble, au nord-est des îles de la Nouvelle-Siberie, dans le canal Kennedy, dans le bassin Melville; ces indications ne peuvent être que générales, il serait téméraire de vouloir trop préciser, car nous le répétons et nous insistons sur ce point, la région des glaces polaires dépend non-seulement de la latitude, du voisinage des côtes, de l'influence des courants dérivés du Gulf-Stream et du Japon, mais beaucoup aussi de l'intensité de l'hiver polaire; ainsi on pourra une année atteindre le nord de l'Islande, l'île Jan Mayen, ou toute autre côte arctique, qui l'année suivante seront inabordables et défendues par une vaste barrière de glace. Les marins ont constaté ce fait pour la côte orientale du Groenland et l'île Jan-Mayen. Les glaces flottantes se rencontrent principalement le long des côtes orientale et occidentale du Groenland, elles descendent jusque dans le voisinage de Terre-Neuve et de la Nouvelle-Ecosse; on n'en voit pas dans la mer du Nord et très-peu dans le détroit de Béering.

Les glaces polaires ont reçu des marins anglais différents noms suivant leur apparence ou leur provenance ; ils nomment *Bank-ice* une vaste étendue de glace continue, soudée à un continent et en défendant l'approche, nous avons adopté ce mot et nous en avons fait : *banquise;* si la glace qui couvre une vaste étendue de mer est généralement unie, c'est un *ice field*, un champ de glace; s'agit-il de blocs énormes de glace flottante, ce sont les *Drift-ice;* le *Pack-ice* est la masse de glace flottante dont on ne peut mesurer l'étendue; si elle est appréciable à l'évaluation, on la nomme *Patch-ice*; enfin le *Stream-ice*, fleuve de glace, est un enchaînement de glaçons courant dans une même direction entre deux champs de glace ou dans un canal resserré par les terres. Le plus ou moins d'intensité du froid dans les mers arctiques, paraît dépendre davantage des localités que de la latitude. Dans la partie que l'on pourrait appeler européenne de l'océan Arctique, la navigation paraît ouverte jusqu'au 80e degré. Parry, dans son excursion en traîneau, en 1827, releva les températures suivantes :

2 juillet 82°	à midi	à l'ombre + 1°,7
		au soleil + 8°,3
13 juillet 82° 17'		à l'ombre + 2°,2
16 juillet 82° 21'		à l'ombre + 2°
21 juillet 82° 40'		à l'ombre + 2°
		au soleil + 2°,8

A Beeren-Island, l'île Cherie, entre le cap Nord et le Spitzberg, par 74° 30 de latitude nord, la douceur du climat est extraordinaire pour la latitude. Au cap Nord la température moyenne de l'année est de 0° ; au Spitzberg, la température atteint parfois + 8° en été. Dans la partie américaine de l'océan Arctique la température estivale paraît être beaucoup plus basse, pourtant les marins anglais y ont plusieurs fois hiverné constatant jusqu'à 40 et 45 degrés de froid, et même une fois 54°. Dans les parages de l'île Melville vers le 75° de latitude nord, lemercure des thermomètres gèle pendant 4 à 5 mois de l'année.

Par des considérations tirées de l'astronomie et de la physique du globe, M. W. E. Hickson combat l'opinion que le Pôle doit être le point le plus froid du globe. Il pense que la région circompolaire doit présenter une *mer ouverte*, et il ajoute avec M. Hayes : « On a toujours supposé que le pourtour immédiat des deux pôles devait être la partie la plus froide de chacun des deux hémisphères, parce que ce sont les points les plus éloignés de l'équateur. De là cette argumentation que plus haute est la latitude, plus grandes doivent être les difficultés de la navigation. Une opinion tout à fait opposée avait néanmoins commencé à prévaloir chez les météorologistes après la publication, en 1817, du système isothermal d'Alexandre de Humboldt, qui montre que la température n'est pas réglée par la distance à l'équateur, attendu que la ligne équinoxiale n'est pas un parallèle de la chaleur *maxima*. La ligne de la plus grande chaleur coupe, en Afrique, le méridien de Greenwich à 15 degrés au nord de l'équateur, et s'élève vers l'est à 5 degrés plus haut, longeant le bord méridional du désert de Sahara. En 1821, sir David Brewster montra dans un mémoire sur la températurature du globe, la probabilité que le thermomètre dut se tenir à 19 degrés plus haut aux pôles que dans certaines parties du cercle arctique. On n'a pas découvert depuis lors des faits nouveaux qui aillent contre cette conclusion, et il en est beaucoup, au contraire, qui tendent à la confirmer (1). »

L'océan Arctique est sillonné par plusieurs courants qui forment comme des fleuves coulant à travers la mer, le plus important de ces courants est une branche du Gulf-Stream qui, à la hauteur du cap Hatteras (35° latitude nord) aux États-Unis, s'éloigne de la côte et pénètre dans l'océan Polaire en passant entre l'Écosse et l'Islande. Ce courant baigne Beeren-Island, les côtes occidentales du Spitzberg, celles de la Nouvelle-Zemble, sur lesquelles il dépose des amas de bois flotté et pénètre dans la mer circompolaire pour y former sans doute cette *Polynia* mystérieuse découverte par Hedenstroem. Au printemps, ce courant du Gulf-Stream arctique rencontre un faible courant causé par la débâcle des glaces dans les grands fleuves de la Sibérie qui, au nord du Spitzberg, le rejette, en partie, vers l'ouest vers les côtes du Groenland ; il passe ainsi entre l'Islande et la côte orientale du Groenland, entraînant la débâcle des glaces polaires jusqu'au 40° degré de latitude. Peut-être cette branche septentrionale du Gulf-Stream, qui est encore très-peu connue, après avoir ainsi usé sa dernière chaleur à travers les glaces polaires, embrasse-t-elle aussi le Groenland comme une île, ce serait elle alors qui donnerait naissance au courant de la mer de Baffin. Un autre courant, moins sensible il est vrai, pénètre dans l'océan Arctique par le détroit de Béering ; il arrive des côtes orientales du Japon, et l'on ne sait pas ce qu'il devient après son entrée ;

(1) ***W. E. Hickson.*** On the Climate of the North-Pole, and Circumpolar exploration. Au Journal de la Société royale géographique de Londres, tome XXXV, p. 129 à 142. — Voir également le N° 1984 de l'*Athenæum*, p. 613 ; et la Revue Géographique de M. *Vivien de Saint-Martin*, au Tour du monde, 1867, 1er semestre, page 424.

peut-être concourt-il aussi à former vers le nord-ouest la *mer libre*. Un courant sous-marin rend refroidies, par le détroit de Béering au grand Océan, les eaux tempérées que le courant du Japon avait porté dans l'océan Polaire. Le grand Océan et l'océan Atlantique portent donc à l'aide des courants leurs eaux plus tempérées à l'océan Glacial Arctique qui les leur rend après qu'elles ont épuisé leur calorique dans ses eaux glacées.

Plusieurs témoignages et des observations sérieuses font croire à l'existence d'une *mer libre* autour du Pôle même. En 1594, Barentz remarqua « que le soleil paraissait au-dessus de la Nouvelle-Zemble et dardait vers le nord une quantité considérable de ses rayons, et que, par conséquent, il devait y faire plus chaud que là où il se trouvait. »

« Dans le temps que la Compagnie hollandaise du Nord était encore dans toute sa splendeur, dit Forster (1), c'est-à-dire de 1614 à 1641, elle envoya un vaisseau au Groenland pour y charger de l'huile de poisson, qu'on faisait à Sewerenberg; mais comme il n'y en avait pas suffisamment pour compléter la cargaison, le capitaine trouvant la mer libre, dirigea droit au Nord et approcha à la distance de 2 *degrés du Pôle*, duquel il fit deux fois le tour. Ce capitaine avait coutume de raconter cela publiquement, et de prendre son équipage à témoin de ce fait (voyez *Zorgdrager*, pêche de la baleine au Groenland, en *allemand*, vol. II, chap. 10, page 162). Joseph Moxon dit aussi à Wood, en 1676, comme celui-ci nous l'apprend, qu'étant en Hollande, environ vingt ans auparavant, et conséquemment en 1656, il entendit dire à un capi-

(1) *Histoire des découvertes et voyages faits dans le Nord*, Paris, 1788, tome II.

taine hollandais, homme très-respectable auquel il pouvait ajouter foi, qu'il avait navigué sous le Pôle, où il trouva l'air aussi chaud qu'il avait coutume de l'être en été à Amsterdam. Enfin le capitaine Gould, qui avait fait plus de vingt voyages au Groenland, dit au roi Charles II, qu'étant au Groenland vingt ans auparavant, il avait rencontré près de l'île Edges (1), à l'est de cette contrée, deux navigateurs hollandais qui résolurent, comme il ne paraissait pas de baleine sur ce rivage, de faire voile plus loin vers le nord : ce qu'ils firent en effet; qu'ils étaient revenus quinze jours après, et avaient été jusqu'*au* 89e *degré*, où ils n'avaient vu aucune glace, mais une mer parfaitement libre, et des vagues aussi grandes que dans la mer de Biscaie. La déclinaison de l'aiguille aimantée était dans ce lieu de 5 degrés. Il arriva dans la suite qu'un de ces capitaines vint à Londres, le capitaine Gould le présenta à quelques membres de la Compagnie du Nord, qu'il convainquit pleinement de la vérité de sa relation. »

Scoresby, qui se trouvait à la fin de mai par 81° 30′ de latitude (le plus haut point atteint : *avec un navire.*), *dans une mer libre de glaces*, au nord-est du Spitzberg, serait probablement parvenu à atteindre le Pôle, si son voyage ne l'eût impérieusement appelé ailleurs.

Le capitaine Parry, dans son mémorable voyage au Pôle Nord, en 1827, trouva vers le nord la glace brisée et déjà à demi conquise par la mer libre. Depuis le mois de juillet aucune glace n'entra dans la baie où

(1) L'île Edges est probablement une des îles appartenant à ce groupe d'îles découvertes par Ryke-Yse. Le capitaine Thomas Edge, qui fit dix voyages au Groenland, découvrit cette île en 1616; et en 1617, une île située à la hauteur du Spitzberg fut appelée île Wyche, du nom de M. Wyche.

son navire, l'*Hécla*, était remisé. Au nord du canal Wellington, Sir Edw. Belcher vit une vaste étendue d'eau à peine couverte de quelques glaces ; le capitaine anglais Penny constata la même chose au nord-ouest du canal Victoria. Le capitaine Inglefield vit une vaste mer au nord-est du Whale-Sound au delà du Smith-Sound. Morton, le compagnon de Kane, s'avança, en 1854, par le canal Kennedy, jusqu'au cap Constitution, au 80° 46′ de latitude septentrionale. Au delà du cap Constitution, la côte du Groenland s'abaissait vers l'est, mais la côte occidentale du canal, la Terre Grinnell, courait vers le nord. En s'avançant vers le nord, le canal avait l'apparence d'un miroir bleu et non glacé; « trois ou quatre petits blocs étaient tout ce qu'on pouvait voir à la surface de l'eau, aussi loin que l'œil pouvait atteindre. Dans sa relation, le docteur E. Kane ajoute : *Les détails de Morton sur la mer libre concordent parfaitement avec les observations de notre parti. Il m'est impossible en rappelant les faits relatifs à cette découverte : la neige fondue sur les rochers, les troupeaux d'oiseaux marins, la végétation augmentant de plus en plus, l'élévation du thermomètre dans l'eau, de ne pas être frappé de la probabilité d'un climat plus doux vers le Pôle.* Enfin la théorie vient ici s'accorder avec la pratique pour faire croire à l'existence d'une mer lible au Pôle Nord. Un savant géomètre italien, Jean Plana, démontre en effet par l'analyse mathématique l'accroissement d'intensité de la chaleur solaire aux deux pôles ; selon lui, ces deux points jouiraient d'une température moyenne un peu plus élevée que celle des cercles polaires, par 66° 32′ de latitude (1).

(1) Voir le Mémoire lu par J. Plana à l'Académie de Turin au mois de

Les terres arctiques américaines sont habitées jusque vers le 72° de latitude. Un voyageur américain, C. F. Hall, qui, au moment même où nous écrivons, est encore en cours d'exploration dans l'archipel arctique américain, a récemment donné dans un livre intéressant : *Life with Esquimaux*, de curieux détails sur ces peuples que nous pouvons appeler déshérités, mais qui sont heureux et ne soupçonnent pas d'autres joies au-dessus de la pêche et de la chasse. La côte occidentale du Groenland est habitée jusque vers le 78° de latitude; le Spitzberg, la Nouvelle-Zemble ne le sont pas, mais leurs côtes sont fréquentées pendant la saison favorable par les baleiniers anglais, hollandais, suédois et russes. Enfin si nous en croyons les rapports faits par des tribus Tchoukchtes du nord de la Sibérie à Wrangell, des bateaux chargés d'hommes *partis d'une terre située au nord du détroit de Béering* seraient venus aborder sur leurs côtes; il y aurait donc au nord-est de la Sibérie et dans la direction du détroit de Béering, une terre habitable par l'homme. Du reste, les contrées qui avoisinent le Pôle Nord sont, généralement, amplement pourvues de ce qui peut intéresser la vie de l'homme. Tels sont le morse, le chien marin, le narval, l'ours blanc, le renne, l'élan, le loup, le renard, une espèce particulière d'antilope, le canard arctique, et une grande variété de poissons. Enfin, la présence à certaines latitudes d'animaux herbivores est encore une preuve de l'existence d'une végétation qui, quelque pauvre qu'elle soit, est pourtant suffisante pour leur nourriture.

Morton vit dans son voyage un vol de cravants (*anser bernicla*) qui se dirigeaient vers la côte, beaucoup de

Juin 1863. — M. Jean Plana, directeur de l'Observatoire de Turin, est mort en février 1864.

canards couvraient l'eau libre, des hirondelles, des mouettes de plusieurs variétés tournoyaient par centaines, et l'approche de l'homme ne les effrayait pas ; dans le voisinage du cap Indépendance, la verdure lui parut plus abondante que sur les bords du détroit de Smith.

Les Normands, *ces Rois de la mer*, furent les premiers qui, dans leurs courses aventureuses, visitèrent les plages glacées des Régions Arctiques et affrontèrent les dangers nouveaux de l'Océan polaire. Le Groenland oriental, où ils formèrent des établissements, devint le siége de plusieurs colonies chrétiennes, qui eurent leurs jours de prospérité et de décadence. Plus tard, la recherche du *Passage* qui, par le *Nord-Ouest* ou par le *Nord-Est* de l'Europe, devait conduire les navigateurs dans les mers de la Chine et du Japon, fut le puissant mobile qui fit successivement découvrir les terres arctiques.

Ce passage tant désiré, que les premiers successeurs de Colomb cherchèrent d'abord dans le voisinage de l'Équateur, puis vers le 30° de latitude nord, semblait reculer vers le nord au fur et à mesure que de hardis navigateurs s'obstinaient à en poursuivre la découverte ; et plus d'un crut l'avoir trouvé alors qu'il entrait seulement dans une baie, dans un golfe, dans un estuaire. Jean Cabot, envoyé par le roi d'Angleterre Henri VII, visitait pour la première fois Terre-Neuve, en 1496 ; son fils Sébastien s'avançait jusqu'à l'entrée de la mer de Baffin ; et Gaspard de Cortéreal découvrait le golfe Saint-Laurent et la côte du Labrador. Notre compatriote Jacques Cartier complétait les découvertes de ce dernier et s'établissait au Canada. Après eux vient, aux XVIe, XVIIe et

XVIIIe siècles, cette pléiade de marins illustres dont le souvenir impérissable reste attaché aux terres qu'ils ont découvertes, aux mers qu'ils ont pour la première fois sillonnées de la proue de leurs navires : les Frobisher, les Davis, les Barentz, les Hudson, les Baffin, les Béering, les Cook, les Vancouver. Si l'on ne trouva pas les Passages nord-est ou nord-ouest, du moins on reconnut de riches parages pour la grande industrie de la pêche. Les marins hollandais, anglais, danois, norvégiens, se lancèrent dans les mers nouvellement signalées, et ils contribuèrent à compléter les renseignements géographiques sur l'océan Polaire. Les Hollandais prirent surtout une part importante à ces lointaines et périlleuses navigations, et sans ajouter entièrement foi aux récits légendaires de leurs marins, il est très-probable que les aventures de leurs voyages les conduisirent plus d'une fois à de hautes latitudes et dans le voisinage immédiat du Pôle.

Au commencement de ce siècle, John et James Ross, Parry, reprirent la question du Passage. John Ross s'avança en 1818 jusqu'au détroit de Lancastre qu'il ne put franchir. Plus heureux que ce dernier Parry, en 1820, pénétra par les détroits de Lancastre et de Barrow jusqu'à l'île Melville, découvrit le canal de Wellington, le détroit du Prince-Régent et l'Archipel polaire qui porte son nom. En 1824, dans une nouvelle campagne il s'était engagé avec son navire *Fury* dans le détroit du Prince-Régent, il dut l'y abandonner à la suite de son hivernage au port Bowen. C'est en 1827 que ce hardi navigateur fit la première tentative sérieuse pour atteindre le Pôle, il arriva, *en traîneau*, au 82° 45′ de latitude nord, et ce point n'a pas encore été dépassé. En 1826, Franklin fut chargé d'explorer, par la voie de terre, la côte septentrionale de l'Amérique et en même temps le capitaine Beechey fut envoyé au-devant de lui par le détroit de Béering; les deux expéditions s'approchèrent à une distance de 146 milles sans pouvoir se joindre. Le capitaine John Ross passa les quatre hivers de 1829 à 1833 dans les glaces. Par les détroits de Lancastre, de Barrow, du Prince-Régent, il pénétra jusqu'au point où quatre ans auparavant Parry avait été forcé d'abandonner le navire *Fury* entr'ouvert par les glaces. Les canots et les provisions de ce navire conservés sur la plage furent d'une grande ressource pour son expédition. Le capitaine James Clark Ross envoyé en 1830 au-devant de lui reconnut les parages de la Terre de Boothia et de la Terre du Roi Guillaume. Sur la côte occidentale de la Terre de Boothia, par 70° 5′ de latitude boréale et 99° 12′ de longitude à l'ouest du méridien de Paris ; il constate l'immobilité complète de la boussole et le maximum de l'inclinaison de l'aiguille aimantée, indices caractéristiques du *Pôle magnétique.* Back et après lui Dease et Simpson complétèrent dans leurs explorations par la voie de terre l'entière reconnaissance des côtes septentrionales de l'Amérique du Nord.

Les découvertes successives des deux Ross, de Parry, de Franklin, de Dease, de Simpson, firent penser qu'à travers ce dédale d'îles, de canaux, que l'on avait rencontré au delà des détroits de Lancastre et de Barrow on pourrait enfin découvrir la passe qui permettrait de pénétrer par le nord-ouest de l'Europe jusque dans les mers de la Chine et de l'Inde. Deux navires, l'*Erebus* et la *Terror*, avec lesquels le capitaine James Ross venait d'accomplir une brillante campagne au Pôle antarctique, furent équipés et confiés à Franklin qui avait sous ses ordres les capitaines Fitz-James et Crozier. Ce fut le 19 mai 1845 que l'expédition mit à la voile. Franklin et ses navires atteignirent l'île de Discoe le 12 juillet, il datait de ce point ses dernières dépêches ; il fut rencontré par un baleinier dans la baie Melville au nord de la mer de Baffin, encore aperçu par un autre, et ce fut tout !... on n'en entendit plus parler. Les difficultés de l'entreprise qu'il tentait ne permettaient pas d'espérer que l'on eût de ses nouvelles avant trois années ; ce terme fut dépassé sans que l'on sût rien du sort de l'expédition; l'inquiétude s'empara des esprits et au printemps de 1848, commençaient les recherches, à la fois : par le détroit de Béering, sur la côte septentrionale du continent américain, et vers les îles Parry. Nous n'avons pas à raconter ici l'histoire des vingt expéditions qui furent envoyées à sa recherche soit par les Anglais, soit par les Américains ; nous l'avons déjà fait ailleurs (1). Constatons seulement que ces expéditions, infructueuses quant à leur but principal, qui ont illustré les noms des : Collinson, Moore, James Ross, Austin, Penny, John Ross, De Haven, Kennedy, Forsyth, Belcher, Inglefield, Bellot, John Richardson, Rae, Mac Clure, Sherard Osborn, Ommaney, Griffith, Kellet, Mac Clintock, Allen, Kane, Morton, Hall et Hayes, nous valurent d'importantes acquisitions à l'ouest des détroits de Lancastre et de Barrow, et accidentellement la découverte, par le capitaine Mac Clure, de ce tant recherché *Passage Nord-Ouest.* Cet officier qui commandait le navire *Investigator* s'avança, en 1850, après avoir franchi le détroit de Béering, le long de la côte septentrionale de l'Amé-

(1) Voir les *Annales des Voyages* de juin 1865 et de décembre 1859. — Voir le *Bulletin de la Société de Géographie* d'avril et mai 1860.

rique entre le 70e et le 72e degré de latitude, jusqu'au cap Parry. Après avoir hiverné une première fois dans le canal du Prince de Galles qu'il ne put franchir, il contourna les côtes occidentales et septentrionales de la Terre de Banks, passa les hivers de 1851 et 1852 au Port Bowen après avoir visité l'île Melville, point extrême des expéditions antérieures venues par les détroits de Lancastre et de Barrow ; mais il ne put regagner l'Europe qu'après avoir abandonné son navire, et avoir été recueilli par les marins d'une autre expédition. C'est à cette occasion que le lieutenant Creswell, chargé de porter à l'île Beechey la nouvelle de la découverte du Passage, franchit sur la glace en traîneau toute la longueur du bassin Melville, c'est-à-dire 470 milles (870 kilom.)

Cependant lorsqu'en 1858-59 le capitaine Mac Clure commandant du *Fox*, équipé par lady Franklin, eut pu reconnaître et suivre les traces de l'expédition de Franklin, sa noble veuve réclama, avec raison, pour son mari le funèbre honneur de la découverte du Passage Nord-Ouest. Franklin, à ce qu'il paraîtrait, après s'être engagé dans les détroits de Lancastre et de Barrow et avoir hiverné en 1845 à l'île Beechey, s'avança dans le canal de Wellington jusqu'au 70° de latitude, redescendit dans le bassin Melville, et ne pouvant le franchir dans la direction de l'ouest comme le portaient ses instructions, se dirigea vers les détroits de Dease et de Simpson par le détroit de Peel (Peel-Sound) ; il aurait en vain essayé d'atteindre l'embouchure de la Great fish River. Ses navires fatigués par le choc des glaces auraient fait naufrage en vue des côtes orientales de la Terre du Roi Guillaume, lui même serait mort le 11 janvier 1847 et après lui Crozier, Fitz-James, et les autres marins des deux équipages, d'épuisement, de misère et de froid (1).

L'exploration du docteur Kane, celles de Francis Hall et du docteur Isaac Hayes dirigées au nord du Smith-Sound nous ont permis de reconnaître le prolongement du Groenland et de la terre Grinnell jusqu'au delà du 80e degré de latitude; ces terres sont jusqu'à présent celles qui s'approchent le plus du Pôle arctique.

Telle est la rapide esquisse des conquêtes successives de l'homme à ces hautes et inclémentes latitudes. Le tableau suivant, que nous avons dressé d'après les travaux de John Brown, de M. Clément Markham et de M. Gustave Lambert, en présentera l'ensemble chronologique. Nous renverrons aux ouvrages spéciaux (2) les personnes qui désireraient connaître avec plus de détails les expéditions polaires.

(1) Voir l'intéressante notice de M. De la Roquette sur Sir John Franklin.

(2) Voici l'indication de quelques ouvrages généraux auxquels nous croyons devoir renvoyer les lecteurs.

J. Forster, Histoire des navigations au nord. 2 vol. in-8°. Cet ouvrage parut d'abord en allemand en 1784 ; il fut traduit en anglais et en français.

Barrington, The Possibility Approaching the North Pole asserted; 1 vol. in-8°, Londres, 1808.

J. Barrow, A Chronological History of voyages into the Artic Regions, from the Earliest Period to the Present Time. in-8°, Londres, 1818.

J. Burney, History of North Eastern Voyages of Discovery, in-8°, Londres, 1819.

A. Murray, Historical Account of Discoveries, and Travels in North-America and the Voyages in Search of a North-West Passage, in-8°, Londres, 1829.

J. Shillinglaw, A narrative of arctic Discovery from the earliest period to the present Time. 1 vol. in-8° 1850.

J. Brown, The North-West passage, and the plans for the search for sir John Franklin. 1 vol. in-8°, 1858, avec une bibliographie arctique.

V. A. Malte-Brun, Coup d'œil d'ensemble sur les différentes expéditions arctiques envoyées à la recherche de Franklin. Broch. de 29 pages.

TABLEAU DES PRINCIPAUX VOYAGES MARITIMES AU NORD.

D'APRÈS MM. JOHN BROWN, C. R. MARKHAM ET GUSTAVE LAMBERT.

DATES.	DIRECTION.	NOMS.	LATITUDE.	BUT DU VOYAGE. RÉSULTATS.
860	N. E. (1)	NADDOD.	«	Découvre l'Islande.
986	N. E.	ERICK le Rouge.	«	Découvre le Groenland.
1170	N. E.	MADOC, prince de Galles.	«	Visite l'Islande et le Groenland.
1266	«	LES NORMANDS DU GROENLAND.	75° 46' *	Lettre du Normand Haldor à Arnold.
1496	N. O.	JEAN CABOT.	«	Découvre Saint-Jean de Terre-Neuve.
1498	N. O.	SÉBASTIEN CABOT.	67 30 ?	S'avance jusqu'à l'entrée de la mer de Baffin.
1500	N. O.	GASPARD CORTEREAL.	«	Atteint le golfe Saint-Laurent et la côte du Labrador.
1517	N. O.	SÉBASTIEN CABOT.	«	Atteint, à ce que l'on croit, la baie d'Hudson.
1524	N. O.	VERAZZANO.	«	Le Florentin Verazzano, avec des navires français, longe les côtes de l'Amérique du Nord.
1534	N. O.	JACQUES CARTIER.	«	Visite le golfe Saint-Laurent, découvre le Canada.
1535	N. O.	JACQUES CARTIER.	«	Second voyage au Canada.
1536	N. O.	HORE.	«	Navigateur anglais qui atteint le cap Breton.
1553	N. E.	HUGH WILLOUGHBY.	«	Atteint le cap Nord, d'Europe.
1554	N. E.	CHANCELOR.	«	Atteint la mer Blanche, et découvre la Nouvelle-Zemble.
1556	N. E.	STEPHEN BURROUGH.	80 7	Il atteint l'embouchure de la Petchora.
1576	N. O.	FROBISHER.	«	Fait trois voyages, découvre le détroit qui porte son nom.
1580	N. E.	PET et JACKMAN.	«	Ils franchissent le détroit de Waigatz.
1585	N. O.	JOHN DAVIS	66 19	Il franchit le détroit qui porte son nom, l'île aux Ours.
1594	N. E.	BARENTZ.	«	Découvre le Spitzberg et visite les côtes septentrionales de la Nouvelle-Zemble. Il fit trois voyages au Nord.
1603	N. E.	STEPHEN BENNETT.	«	Découvre l'île aux Ours (***Beeren-Eiland***) à laquelle il donne le nom de ***Cherie Island***.
1607	N. E. et N. O.	H. HUDSON.	81 30	Suit la côte nord-est du Groenland, voit le Spitzberg, découvre la mer qui porte son nom. Il fit quatre voyages au Nord.

1611	N. E.	JAN MAYEN.	«	Découvre l'île qui porte son nom.
1612	N. O.	BUTTON et INGRAM.	«	Découvrent le détroit du Prince-de-Galles.
1615	N. O.	BYLOT et BAFFIN.	«	Découvrent la mer de Baffin, la baie de Wohlstenholme et le détroit de Lancastre.
1619	N. O.	JENS MUNK.	«	Pénètre dans la baie d'Hudson et hiverne dans le passage de Chesterfield.
1631	N. O.	LUKE FOX.	«	Pénètre dans le détroit d'Hudson.
1631	N. O.	THOMAS JAMES.	«	Hiverne à l'île Charlton.
1652	N. E. et N. O.	DANELL.	«	Ce Danois explore les côtes orientales et occidentales du Groenland.
1667	N. O.	GROSEILLER et GILLAM.	«	Hivernent dans la rivière Rupert au fond de la baie d'Hudson, ils bâtissent le fort Charles.
1684	N. E.	GUILLAUME DE VLAMINGH.	82° 10′	S'avance au nord-ouest de la Nouvelle-Zemble.
1670	N. E.	AXELSEN, OTTO.	«	Auraient atteint le pôle? (Voir *Harris*.)
1690	N. E.	«	88 ?	Un navire hollandais aurait vers cette époque atteint cette latitude.
1707	N. E.	CORNELIS GILLIS.	81 ?	Vers les mers du Spitzberg.
1720	«	JOHNSON ou MONSON.	88	Buffon le rapporte d'après le Dr Hickman.
1725	D. B.	BÉERING.	«	Il part du Kamtchatka pour une courte expédition.
1725	«	ALEXANDRE CLUNY.	82	Voyez *Barrington*.
1741	N. O.	MIDDLETON.	«	Détermine la position de Repulse-Bay.
1741	«	BÉERING.	«	Découvre le détroit qui porte son nom, et le mont Elie.
1744	«	Le navire *le Capitaine Guy*.	81 30 *	« « «
1746	«	ANDREW FISHER.	82 34	Il commandait le navire *Anne Elisabeth*.
1751	N. E.	MAC COLLAM.	83 30 *	Vit une mer libre de glaces au nord.
1752	«	JOHN PHILLIPS.	81 *	Il commandait le *Loyal Club*.
1754	N. E.	JAMES WILSON.	82 15 *	Vit une mer parfaitement libre. Il commandait le navire *Sea Nymph*.
1754	N. E.	GUY.	83 *	Le capitaine Guy avait effectué 59 voyages dans les mers Arctiques. Il commandait le navire *Unicorn*.
1756	N. E.	JAMES MONTGOMERY.	83 *	Il commandait le navire *Providence*.
1760	«	HUMPHREY FORD.	81	Il commandait le navire *Dolphin*.

(1) N. O., Nord-Ouest du Groenland. — N. E., Nord-Est du Groenland. — D. B., Détroit de Béering.

* Nous indiquons par ce signe les latitudes qui reposent sur des observations, les autres latitudes ne sont qu'estimées.

DATES.	DIRECTION.	NOMS.	LATITUDE.	BUT DU VOYAGE. RÉSULTATS.
1761	N. E.	VOLQUART BOON.	71° 30′	Baleinier danois, découvre sur la côte du Groenland le golfe qui porte son nom.
1765	N. E.	V. TCHITSCHAGOFF.	80 30 *	Expédition russe envoyée au Spitzberg.
1766	N. E.	ROBINSON.	82 30	Vit une mer libre vers le 83°; il commandait le navire ***Reading***.
1766	N. E.	J. WHEATLEY.	81 30	Trois capitaines hollandais lui affirmèrent avoir atteint le 89e degré.
1768	N. E.	DAVID BOYD.	82	Il était second à bord de la ***Betsy***.
1773	N. E.	JOHN CHIPPS et LUTWIDGE.	80 48 *	Voyage au pôle nord. Ils essayent de gagner le pôle par le Spitzberg; ils rencontrent une barrière de glaces et croient à une calotte de glaces autour du pôle.
1773	N. E.	RALPH DALE.	81	Rencontre beaucoup de glaces.
1773	N. E.	JOHN GREENSHAW.	82	Rencontre beaucoup de glaces à l'ouest du Spitzberg.
1773	N. E.	ROBINSON.	81 16 *	Il commandait le ***Saint-Georges***, et vit une mer libre à l'est-nord-est vers le 81° 30′ de latitude et le 8° de longitude.
1773	D. B.	JOHN CLARKE.	81 30	Il commandait le ***Sea Horse***, il vit une mer libre au nord avec de grandes vagues venant du nord-est.
1774	N. E.	JOHN REED.	81 42	Le capitaine hollandais Hans Derrick lui affirma avoir atteint avec 5 navires le 86e de latitude nord.
1776	N. E.	PAGÈS.	81 30	Ce capitaine français atteint le 81° 30′ au nord du Spitzberg.
1776	D. B.	COOK.	«	Atteint le Cap glacé en Amérique et le Cap nord en Asie.
1793	«	VANCOUVER.	«	Il cherche le passage vers le détroit qui porte son nom, et revient avec la pensée qu'il n'existe pas.
1806	N. E.	SCORESBY.	81 12 *	Sur la ***Résolution*** navigua presque entièrement en mer libre et atteignit à 5° 10′ du pôle.
1810	N. E.	HEDENSTROEM.	«	Première reconnaissance de la ***Polynia***; mer libre de glaces.
1815	N. E.	KOTZEBUE.	«	Franchit le détroit de Béering et découvre le golfe qui porte son nom.
1818	N. O.	ROSS, PARRY.	77	Par la mer de Baffin, ils donnent le nom de leurs navires ***Alexandre*** et ***Isabelle*** aux deux caps qui sont à l'entrée du détroit de Smith; ils atteignent l'entrée du détroit de Cumberland.
1818	N. E.	BUCHAN et FRANKLIN.	80 34 *	Sur les navires ***Dorothée*** et ***Trent***, ils sont arrêtés par les glaces dans les parages du Spitzberg.

1819	N. O.	PARRY.	«	Découverte du détroit de Barrow et de celui du Prince-Régent, puis de l'île Melville ; il hiverne dans les glaces.
1820	N. E.	LUTKE.	«	Visite les mers Sibériennes.
1821	N. O.	PARRY.	«	Visite cette fois le détroit du duc d'York, passe deux hivers dans les glaces, scie un chenal de 1,400 mètres pour dégager son navire.
1823	N. E.	CLAVERING et SABINE.	80°20' *	Sur le navire *Griper* visitent la côte orientale du Groenland, ils la distinguent jusque vers le 76°.
1824	N. E.	WRANGELL et ANJOU.	«	Ils partent de la côte de Sibérie, en traîneau, dans le but de gagner le nord et sont arrêtés par la mer libre dite *Polynia*, déjà vue par Hedenstroem.
1824	N. O.	PARRY.	«	Fait une troisième tentative pour explorer le détroit du Prince Régent; hivernage.
1825	N. E.	BEECHEY	«	Visite par le détroit de Béering, la côte nord-ouest de l'Amérique et double le cap Barrow auquel il donne ce nom.
1827	N. E.	PARRY.	82 40 *	Du Spitzberg, Parry se rend en traîneau jusqu'au 82° 45'.
1829	N. O.	JOHN et JAMES ROSS.	«	Sur la *Victoria*, par la mer de Baffin découvrent Boothia-Felix le pôle Magnétique et la Terre du Roi Guillaume.
1833	N. E.	JULES DE BLOSSEVILLE.	«	Parti sur la *Lilloise*, se perd dans les mers du Groenland oriental et de l'Islande.
1838		FAVRE.	79 35	Expédition scientifique au Nord, de Bravais, Gaymard, Marmier.
1845	N. O.	FRANKLIN.	77	Avec les navires *Erebus* et *Terror*, Franklin, Crozier et Fitz-James pénètrent dans les détroits de Lancastre et de Barrow et viennent mourir dans les parages occidentaux de la Terre du Roi Guillanme.
1848 à 1855	N. O.	COLLINSON, KENNEDY, JAMES ROSS, AUSTIN, PENNY, JOHN ROSS, DE HAVEN, BELCHER, INGLEFIELD OSBORN, MAC CLURE, KELLET, OMMANEY, PULLEN.	du 71 au 78	Expéditions à la recherche de Franklin; elles ne dépassent pas le 78° de latitude nord. — Voir le tableau de M. de la Roquette aux *Annales* d'avril 1856. — Voir nos notices historiques aux *Annales* de juin 1855 et décembre 1859.
1853 à 1855	N. O.	Dr E. KANE.	80 40 *	Morton voit vers le 82° 30' la mer libre.
1861	N. O.	Dr HAYES.	81 35 *	Distingue la côte à l'ouest du canal Kennedy jusqu'au delà du 82° 40'.
1861		DUNER, TORELL, NORDENSKJÖLD.	80 22	Expédition suédoise scientifique au Spitzberg.

De tout ce qui précède, il résulte que peu d'explorations arctiques ont eu le Pôle même pour objectif; la recherche du passage de l'Atlantique au Pacifique par le nord dut nécessairement faire dévier les explorateurs vers l'est ou vers l'ouest, dans le voisinage des côtes septentrionales de l'Asie ou de l'Amérique. D'autre part, ce n'est qu'accidentellement que les baleiniers ont dépassé le 80e degré de latitude.

L'expédition du capitaine Parry, en 1827, est la seule qui ait été sérieusement dirigée vers le Pôle, et si l'on en étudie avec soin les différentes phases, on verra que quoique l'illustre marin ait été obligé de rétrograder, elle est loin d'être une entière négation de la possibilité de pouvoir pénétrer au delà du 82° 45′. On peut dire que Parry fit sa tentative : trop tard, s'il voulait pénétrer au nord en traîneau, puisque la débâcle des glaces commençait; trop tôt, s'il voulait pénétrer vers le nord avec son vaisseau, puisque la débâcle n'était pas achevée.

Les indices de la Polynia trouvée par Hedenstroem et Wrangell, au nord du détroit de Béering, venant confirmer les dires des baleiniers hollandais depuis Wrangell et Anjou, les résultats des voyages de Kane, de Morton, et tout récemment la relation du voyage de Hayes, ont fait concevoir à un marin anglais l'idée de s'assurer de l'existence de cette *mer libre polaire.* Frappé en même temps de tous les avantages qui résulteraient pour la science d'une exploration dirigée vers le Pôle, il a, avec l'autorité que lui prêtait son expérience, réveillé en Europe l'idée de cette importante question géographique au moment même où l'un de nos compatriotes étudiait dans les mers de Béering la même question polaire. Nous laisserons à chacun de ces promoteurs d'une expédition au Pôle Nord, ainsi qu'au docteur Augustus Petermann de Gotha, auteur d'un contre-projet au projet anglais, la parole pour exposer leurs idées, leurs motifs, leurs espérances !

II.

Projet anglais présenté par le capitaine Sherard Osborn, de la marine Royale Britannique.

Le capitaine Sherard Osborn, un des honorables vétérans des mers arctiques, qui avait notamment fait partie des expéditions commandées par H. Austin (1850-1851) et par le capitaine sir E. Belcher (1852-1854), envoyées à la recherche de Franklin, fit dans la séance de la Société royale géographique de Londres du 23 janvier 1865, l'exposé de son projet en ces termes (1) :

La découverte des régions arctiques est une question qui, alors même qu'elle est traitée d'une manière incomplète, ne peut manquer de préoccuper tous ceux qui ont un goût véritable pour les sciences géographiques et physiques, et qui certainement mérite de la part de la Société royale géographique de Londres, une attention toute spéciale. N'est-ce pas en effet à cette assemblée, parvenue actuellement à une situation prospère, qu'il appartient de se faire l'organe du public, si désireux, depuis quelque temps, de voir se résoudre le problème de la communication du Pacifique avec l'Atlantique? ne doit elle pas être l'interprète du

(1) Nous devons ici exprimer nos amicaux remerciements à notre confrère M. Gabriel Destailleur, de la Société de Géographie, qui a bien voulu nous seconder dans notre travail en traduisant l'exposé du capitaine Sherard Osborn, et les lettres du Dr A. Petermann. V. *A. M.-B.*

monde entier uni dans une égale sympathie pour le généreux dévouement de ceux qui ont pénétré les mystères du Nord !

Je n'ai donc pas besoin de chercher à justifier auprès des membres de la Société les motifs pour lesquels j'entreprends de leur démontrer la parfaite possibilité d'une reconnaissance de l'espace qui figure encore en blanc sur les cartes autour du Pôle Nord. Du reste, les idées que je compte développer ici sont partagées par plusieurs de mes confrères, explorateurs des régions arctiques, qui ne sont pas disposés à admettre la nouvelle maxime : « *repos et reconnaissance.* » Savants ou marins, la mort de Franklin sur la Terre du Roi Guillaume ne les fera pas plus reculer devant le danger d'une expédition au Pôle que le souvenir de Nelson tombé à Trafalgar ne les ferait reculer devant une flotte ennemie.

En 1818 les découvertes de Baffin d'une part et de l'autre celles de Béering, puis quelques points de repère pour l'embouchure des rivières Mackenzie et Hearne, voilà tout ce que nous connaissions de ce singulier labyrinthe de terres et de mers qui maintenant se trouve si clairement indiqué sur les cartes. Trente-six ans de navigation et de voyages ont suffi pour nous conduire à un tel résultat, mais bien peu de ces explorations se sont faites avec des vaisseaux pourvus de provisions suffisantes et bons marcheurs; la plupart du temps il a fallu exécuter de pénibles trajets à pied ou longer les côtes dans des bateaux non pontés pour visiter en détail chaque baie, chaque fiord. Dans une communication à la Société royale de Dublin, sir Léopoold Mac-Clintock estime à 48,000 milles l'espace qu'ont parcouru à pied les voyageurs envoyés à la recherche du seul Franklin. Eh bien ! ces trente-six années consacrées à des explorations menées glorieusement à bonne fin avec des navires, des canots ou des traîneaux n'ont coûté à l'Angleterre qu'une seule expédition sur 42, c'est-à-dire 128 hommes ; sur cent reconnaissances en traîneau il n'y a pas eu une seule catastrophe à déplorer. Montrez-moi sur la surface du globe un résultat aussi fécond en découvertes géographiques ; cherchez dans l'histoire une entreprise ayant fait aussi peu de victimes eu égard à d'aussi grandes difficultés, et alors je conviendrai que les explorations arctiques ont produit des maux excessifs.

Que ceux qui prétendent que nous n'avons retiré de nos fatigues et de nos recherches que le mesquin avantage de pouvoir indiquer sur nos cartes le contour de nouveaux rivages s'étendant sur un espace de tant de milles; que ceux-là, dis-je, comparent l'état actuel de nos connaissances relativement aux phénomènes arctiques avec les théories professées au siècle dernier par des hommes de science et de réputation ; qu'ils mettent en parallèle les données de 1864 avec celles de 1800 sur l'histoire naturelle, la météorologie, le climat et les vents des régions polaires. N'est-ce pas dans ces contrées lointaines qu'on a trouvé le fil indicateur qui une fois débrouillé a servi à constater l'existence et les lois du *Gulf-Stream* et de l'*Ice Stream*, ces deux courants mystérieux qui traversent l'immensité de la mer comme deux fleuves puissants ? N'est-ce pas encore en Boothia que pour la première fois les Ross sont parvenus tous deux au Pôle magnétique, ce point mystérieux autour duquel se meut la boussole du marin sur l'une des faces de l'hémisphère boréal. Au surplus laissons à l'univers le soin de décider si la masse d'observations recueillies autour du Pôle magnétique par nos marins n'a pas contribué à faire connaître les lois de la déclinaison et de l'inclinaison de l'aiguille aimantée; mais ce que je tiens à rappeler, c'est la solution que nos explorations ont apportée à une question gravement controversée il y a quelque années : je veux parler de l'existence d'êtres humains au milieu des ténèbres glaciales qui enveloppent les terres arctiques. Il est constaté aujourd'hui que les régions de l'extrême nord, du moins toutes celles où l'on a pu pénétrer, ont été peuplées par la Providence et servent également de séjour, été comme hiver, à des animaux destinés à nourrir les indigènes. Voilà des faits que je voudrais voir, avec bien d'autres encore, toujours présents à la mémoire des critiques malveillants qui essayent de vous faire croire à l'insuccès de nos entreprises. Quant à moi, je ne cesserai de répéter avec feu l'amiral Beechey que nos voyages dans le Nord ont eu pour résultat de faire tomber le voile d'obscurité qui nous dérobait la connaissance de la géographie et des phénomènes arctiques. Autrefois ce n'était qu'incertitudes et craintes ; au delà du Cap Nord complète ignorance; chaque expédition a détruit un préjugé, mis en lumière quelque nouveau phénomène et fait progresser les sciences humaines.

Je n'ai pas à m'occuper en détail des souffrances et des dangers personnels qu'on peut avoir à redouter dans une exploration polaire; c'est l'affaire des compagnies d'assurance de la Cité de Londres, mais je m'en fie aux gens que des courses en traîneaux sur les steppes arides du 76e degré nord rendent on ne peut plus aptes à juger la question des privations et qui ne paraissent pas se rappeler avec une si grande frayeur les jours où ils ont eu froid aux doigts et où il leur a fallu faire maigre chère. Nos marins ne s'engagent pas précisément avec le projet bien arrêté de périr de mort violente ou d'inanition, comment donc expliquer que le service des régions arctiques soit assez en faveur parmi eux pour que je sois constamment accosté par de vieux loups de mer qui viennent me dire : « Eh bien, monsieur, partons-nous là-bas ? N'oubliez pas, je vous prie, que je suis des vôtres ! »

Le fait est que dans les campagnes qui ont eu lieu pendant ces quatre dernières années en Chine et sur les côtes d'Afrique, il a fallu jeter en pâture aux requins plus d'hommes morts de maladie qu'il n'en a succombé pendant trente années de navigation dans les mers arctiques ; les marins et les officiers savent à quoi s'en tenir là-dessus. C'est, qu'après tout, les dangers qui sont à craindre dans le Nord se rencontrent dans tous les pays inconnus où l'on pénètre pour la première fois. Speke et Grant à la recherche des sources du Nil, Burton à Harrar, Frémont dans la Sierra Nevada, Livingstone sur le Zambèze, Burke et Wills dans les déserts arides de l'Australie centrale se sont tous trouvés, à de certains moments, en face de périls aussi grands que Kane au détroit de Smith ou Mac-Clure sur la Terre de Banks.

Sans plus tarder, traitons maintenant les points qui se recommandent spécialement à notre attention.

1° Quelle est la route qui offre pour une expédition polaire le moins de dangers à courir et le plus de chances de succès ?

2° Quelle est la manière dont la susdite expédition doit se faire et quels sont les résultats scientifiques probables qu'elle produira ?

Marquez sur la carte circompolaire que vous avez sous les yeux les points les plus rapprochés du Pôle, c'est-à-dire les deux extrémités du Spitzberg et du Groenland septentrional. Occupons-nous d'abord du Spitzberg. C'est à la hauteur d'Hakluyt Head (près de la baie de la Magdeleine) éloigné du Pôle d'environ 600 milles, que se faisait au siècle dernier la pêche de la baleine, or il est prouvé qu'en avançant de 100 milles (185 kilom.) vers le nord les pêcheurs de l'époque trouvaient la mer souvent libre, cela résulte de leur témoignage unanime. On peut donc soutenir que des bâtiments à voiles ont dû parvenir jusqu'à 500 milles (926 kilom.) de distance du Pôle en suivant cette direction. Du reste ceux qui, avec une confiance que je ne partage pas entièrement, attribuent à l'action du *Gulf-Stream* l'existence d'une mer libre au Pôle, pourront consulter une table dressée par les soins de mon aimable ami, M. Markham, indiquant les données fournies sur ce point à la Société par l'honorable Daines Barrington, le colonel Beaufort, etc. Vous y verrez figurer les noms des patrons hollandais et anglais, vieux mais intrépides navigateurs, qui se sont vantés, les uns d'avoir poussé vers le nord jusqu'au 88e degré, les autres jusqu'au 83e, et un grand nombre jusqu'au 82e parallèle. Et même n'y eut-il pas une fois un vieux marin qui osa assurer à Master Moxon, hydrographe de Charles II de glorieuse mémoire, qu'il avait dépassé le Pôle de 2 degrés ? Mais hâtons-nous d'ajouter que ceci se disait dans la rêveuse cité d'Amsterdam par-dessus un verre de forte bière de Hollande.

Quoi qu'il en soit je note avec plaisir la tentative faite par feu Sir Edward Parry, qui, parti du Spitzberg en 1827, atteignit dans la nuit du 22 juillet de la même année un point situé à 435 milles (806 kilom.) du Pôle par 82° 45' lat. N. Pour arriver jusque-là il lui avait fallu voyager sur une couche de glace flottante, mais il fut bientôt forcé de rebrousser chemin parce que ses hommes ne remorquaient pas leurs bateaux vers le nord avec une rapidité égale à celle que les champs de glace mettaient à descendre vers le sud. On était alors au fort de l'été et la débâcle avait lieu sur tous les points. L'expérience acquise pendant ces vingt dernières années démontre qu'au lieu de partir en juin, Parry aurait dû hiverner au Spitzberg, puis poursuivre sa course vers le nord en février. Maintenant telle est la perfection avec laquelle on confectionne tous les objets d'équipements pour les expéditions en traîneau que le matériel à remorquer serait beaucoup moins pesant si l'on passait par le Spitzberg pour aller au Pôle. Mais il y a bien d'autres raisons qui s'opposent à ce que l'on prenne cette route; remarquez, en effet, qu'il n'existe pas de contrées connues sur le méridien ou au nord de l'île, et que, par conséquent on n'a pas d'endroits fixes où l'on puisse établir des dépôts de provisions ; au contraire, en prenant son point de départ dans le détroit de Smith, on se rapproche du Pôle de 120 milles et l'on a la chance de découvrir (comme je me le réserve de le démontrer) une suite de continents et d'îles situés sur le méridien du continent américain et du Groenland. Ces avantages n'existent pas du côté de Spitzberg, car vous devez savoir que les courants qui descendent du nord vers le Spitzberg ne charrient pas de bancs de glace proprement dits, c'est donc qu'il n'existe pas de terre d'une grande étendue sur ce même méridien, car les banquises proviennent des glaciers et se forment, par conséquent sur la terre ferme et non en pleine mer. C'est tout l'inverse pour le détroit de Smith qui est rempli de montagnes de glace ; à mesure qu'il remontait vers le nord, Kane voyait les glaciers croître en nombre et en importance, fait impossible à comprendre si le continent finissait brusquement au glacier de Humboldt par 80° lat. N.

Les vastes amas de neige et d'eau douce congelée qui produisent ces merveilleuses créations que l'on appelle des banquises, révèlent l'existence dans ces parages de terres d'une grande étendue renfermant de hautes montagnes et des vallées profondes et humides où la neige s'entasse d'âge en âge. Ces continents doivent être bordés de côtes et de rivages glacés offrant la seule route continue et praticable pour parvenir au Pôle sans grands dangers. Vous voyez que je préfère la voie du Groenland à celle du Spitzberg, mais ne vous hâtez pas d'en conclure qu'une reconnaissance dans la direction du Spitzberg ou de la Nouvelle-Zemble ne produirait aucun résultat important, il y a encore beaucoup à voir et à faire de ce côté au point de vue de la science. On finit peu à peu par ne plus considérer la navigation arctique comme un épouvantail. L'apparition de livres tels que : « *Une course aux latitudes extrêmes, Une saison chez les Morses,* » montre ce qu'on est en droit d'attendre de l'avenir. Les contrées où l'on s'est rendu sur de simples yachts en partie de plaisir, où pénètrent chaque année les bateaux non pontés de pauvres pêcheurs norvégiens en quête de peaux, d'ivoire et de foie de requin, lequel foie produit, comme vous savez, l'huile *pure de foie de morue*, ces contrées, dis-je, ne peuvent manquer d'attirer des hommes désireux, par amour pour la science, d'agrandir le cercle de nos connaissances, relativement aux lois de l'électricité, de la lumière, du magnétisme et des vents.

Du Spitzberg passons au Groenland.

C'est en 1853 que mon regrettable ami, le docteur Kane pénétra avec son petit brick l'*Advance* dans le détroit de Smith, à l'extrémité de la baie de Baffin. A la même époque je faisais moi-même partie, avec le capitaine Richards, actuellement hydrographe de la marine, d'une expédition dans le canal de Wellington, sous les ordres de Sir Edward Belcher; Kellet et Mac-Clintock se trouvaient dans le détroit de Barrow, Mac-Clure venait de passer du Pacifique dans l'Atlantique, Collinson et Raë parcouraient la Terre de Victoria et la Boothia; enfin Inglefield avait profité de l'été pour pousser une reconnaissance jusqu'à l'île Beechey. Il pouvait bien y avoir quatre cents Anglais à ce moment dans les mers polaires.

Du reste, il est à remarquer que tous nos vaisseaux se comportèrent admirablement dans cette campagne et que leurs équipages eurent un bien-être relatif, c'est que nous avions alors à notre disposition une flotte considérable et les ressources de toute une nation. Due au contraire à la munificence privée, l'expédition du docteur Kane fut l'œuvre généreuse de simples particuliers. Comme le docteur l'a remarqué lui-même, il est le seul voyageur de l'époque qui ait osé s'aventurer sur les glaces et braver les rigueurs de l'hiver polaire dans des conditions aussi défavorables. Accompagné seulement de dix-sept hommes parmi lesquels on comptait deux mutins, ne pouvant faire marcher à la vapeur l'unique bâtiment sur lequel il naviguait, sans conserves de viande fraîche, et presque sans conserves de légumes, avec une provision de combustible qui ne devait durer que douze mois, c'est un miracle, selon moi, que le hardi explorateur ait pu revenir pour raconter ses souffrances, souffrances qu'on ne peut comparer qu'à celles éprouvées deux siècles auparavant par le navigateur *James* dans la baie d'Hudson.

A Dieu ne plaise que je cherche à critiquer ici les hommes au cœur généreux qui ont pris en Amérique l'initiative d'une si noble entreprise en disant : « Nous aussi nous voulons concourir à la découverte des Terres arctiques ; » néanmoins il est incontestable que dans de semblables circonstances, l'enthousiasme et le courage, si grands qu'ils soient, ne sauraient suppléer à des connaissances spéciales et aux ressources matérielles, autrement on est fatalement destiné à endurer des souffrances comme celles de Kane et de ses compagnons. Voilà donc ce qui explique mieux que tout le reste, pourquoi à une distance considérable des endroits fréquentés actuellement par les Esquimaux, nos marins s'engraissaient et vivaient dans l'abondance, tandis que les malheureux compagnons du docteur Kane en étaient réduits à manger de la viande crue pour arrêter les ravages du scorbut provoqué par une alimentation détestable composée presque exclusivement de viandes salées.

Je me perds peut-être dans les détails, mais je veux réfuter d'avance les objections qu'on ne manquerait pas de m'opposer si l'on était tenté d'invoquer le récit émouvant des aventures du docteur Kane comme un exemple propre à détourner des expéditions polaires. Je sais de bonne source que mon courageux ami n'a jamais songé, en prenant la plume, à éloigner les autres de la glorieuse carrière où il s'était lui-même engagé, il voulait simplement par ses conseils leur éviter de tomber dans les mêmes fautes que lui et montrer avec quelle fermeté d'âme on peut subir les épreuves les plus difficiles pour une bonne cause.

Le brick *The Advance*, après avoir pénétré dans le détroit de Smith suivit malheureusement la direction de l'est sous le vent, au lieu de prendre le vent à l'ouest. Ceci était contraire aux règles de la navigation arctique, il en résulta que le bâtiment bientôt embarrassé dans sa marche s'engagea, après avoir fourni une course de 60 milles, dans une baie dont il lui fut impossible de sortir.

Au printemps de 1854, l expédition du docteur Kane visita les côtes du Groenland sur une étendue de 160 milles, puis continua sa route plus avant dans le nord pour reconnaître les côtes occidentales du détroit de Smith.

Dans le Groenland, les explorations s'arrêtèrent à une langue de terre nommée cap Constitution par le seul homme qui soit parvenu jusque-là, M. Morton, et situé au delà d'un grand glacier formant dans la mer un promontoire très-avancé. Arrivé à ce point extrême, M. Morton se vit barrer le chemin par des falaises qu'il ne put tourner à cause de l'eau dont elles étaient environnées à leur base et qu'il ne put escalader à cause de leur escarpement, de sorte que tout ce qui se trouve au delà du cap Constitution nous est inconnu. Kane pensait que le Groenland finissait à cet endroit, mais je ne puis m'associer à cette conclusion trop précipitée suivant moi. Un glacier comme celui de Humboldt qui fournit par centaines au détroit de Smith les banquises que le docteur Kane dit y avoir rencontrées, doit nécessairement, d'après moi, être alimenté par quelque autre glacier occupant une étendue encore plus considérable, autrement dit les côtes du Groenland, s'étendent vers le nord comme les terres que M. Morton aperçut à perte de vue de l'autre côté du détroit.

Il est vrai que le même M. Morton étant parvenu à gravir les hauteurs du cap Constitution jusqu'à une altitude de 300 ou 500 pieds, ne vit pas de glace du côté de l'ouest, mais c'est là un fait que je trouve peu concluant, n'ayant, moi qui vous parle, jamais pu même sur des cimes très-élevées, distinguer des bancs de glace à plus de 12 milles de distance.

Quoi qu'il en soit, le voyageur américain remarqua à l'horizon, dans la direction du nord, une suite de côtes dentelées ayant un aspect sauvage, qui bordaient des contrées traversées à l'intérieur par de belles chaînes de montagnes. Il donna à ce pays le nom assez heureux de *Grinnell Land*, Terre Grinnell.

Les hydrographes anglais et américains ne sont pas d'accord sur la position géographique des caps Constitution et Parry, ces deux points extrêmes découverts par Kane. Suivant les calculs américains qui, je l'espère, seront reconnus exacts, il faudrait placer le cap Constitution par 81° 22′ nord, et la terre aperçue à l'ouest située par 82° 30′ nord ne serait éloignée du Pôle que de 450 milles (833 kilomètres), c'est-à-dire précisément la distance qui sépare le cap *Land's End* de *Balmoral.*

Mais prenons les choses au pis et acceptons les chiffres de l'amiral Collinson, du capitaine George, et de M. Arrowsmith qui donnent pour le cap Constitution une latitude de 80° 56′ nord, pour le cap Parry une latitude de 81° 56', c'est-à-dire une distance du Pôle de 484 milles (892 kilomètres), et attribuent à l'horizon que découvraient les regards de M. Morton, une étendue de 60 milles (111 kilomètres). Même en considérant ces données comme définitives, je mets en fait qu'il est possible d'atteindre le Pôle en passant par le cap Parry et la Terre Grinnell.

En effet, du moment que le cap Parry est d'un degré et demi plus rapproché du Pôle qu'Hakluyt Head, l'une des pointes les plus septentrionales du Spitzberg, il est clair que c'est le meilleur point de départ pour une expédition se proposant de reconnaître le vaste espace inconnu situé au nord.

Pour aller du cap Parry au Pôle et *vice versâ*, il faut compter 968 milles (1684 kilomètres); or, depuis 1850 nous avons parcouru à diverses reprises, soit en traîneau, soit en bateau, des distances plus considérables. Le trajet qu'il nous reste maintenant à faire n'est rien en comparaison de ce que nous avons déjà accompli, je vous le prouverai tout à l'heure.

Mais indépendamment de la question de proximité du Pôle, il y a d'autres avantages qui recommandent cette route à notre attention. Je viens de vous raconter comment on avait découvert au commencement de l'été l'existence d'une mer libre autour du cap Constitution, des explorations arctiques plus récentes nous ont montré qu'il n'y avait rien là de bien extraordinaire. Le docteur Kane, croyait que cette mer devait s'étendre fort loin, mais j'ai de bonnes raisons pour rester sceptique sur ce point. Que la Polynie de Kane soit grande ou petite, peu importe, la possibilité de parvenir au Pôle, voilà ce que je tâche de démontrer et je n'ai pas à m'occuper du plus ou moins de profit qu'il y aurait pour la navigation, à ce que l'hypothèse du savant américain devînt une réalité. Tant mieux pour les explorateurs à venir s'ils rencontrent la mer libre sur le rivage de la Terre Grinnell, sinon ils devront s'estimer heureux de pouvoir cheminer sur la glace pourvu que le continent, ou à défaut de continent, des groupes d'îles rapprochés, forment une route continue jusqu'au 87ᵉ parallèle; or c'est la supposition qui a le plus de chances de se réaliser.

Mais on doit s'attendre à trouver la Polynie de Kane dans les contrées où la vie animale et végétale acquiert un développement qu'on chercherait en vain autour de gouffres comme l'*Entrée du Régent*, le *Canal de Wellington* ou le *Détroit de Lancastre.* Il n'est donc pas impossible qu'une fois parvenus à une certaine hauteur dans le détroit de Smith, les explorateurs à venir, trouvent moyen de s'approvisionner de viandes d'animaux tels que le renne, l'ours, le phoque ou la poule sauvage. C'est une raison de plus pour adopter ma route préférée.

Remarquez, en outre, que c'est dans le Groenland que se trouvent les êtres humains qui habitent le plus près du Pôle Nord. Sir John Ross découvrit en 1818, par 75° 35′ lat. nord et 65° 32′ long. O., une tribu d'Esquimaux auxquels il donna le nom de Montagnards arctiques. Par son interprète Sackense il apprit que ces naturels vivaient au nord du Grand Glacier de la baie de Melville, complétement séparés du reste du monde à cause de la position géographique du pays qu'ils habitaient. Quand Ross leur annonça qu'il venait du Sud, ils lui répondirent que cela ne pouvait être, puisqu'il n'y avait que des bancs de glace de ce côté-là. Plus tard, d'autres explorateurs, puis des baleiniers vinrent les visiter, et établir avec ces peuplades, des relations assez suivies qui eurent un excellent résultat, car en 1854, au lieu de menacer de mort les Européens comme en 1818, nous les voyons sauver la vie de Kane et de ses compagnons en partageant cordialement avec eux leur nourriture et leur abri. Le docteur Kane donne des détails très-curieux sur les mœurs de ce petit groupe de la famille humaine. Dépourvues de bateaux et ne sachant pas même en construire comme les autres Esquimaux avec des os et des peaux de phoques, ces malheureuses créatures n'osent traverser les deux courants de glace de Melville et de Humboldt, et restent confinées dans la région comprise entre la mer et le glacier du Groenland qui occupe sur la côte une étendue de 600 milles. Il leur est impossible de pénétrer dans l'intérieur du pays, car le « *Sernik Soak*, » comme ils disent, ou le Grand Mur de Glace se dresse devant eux comme une barrière infranchissable.

Sauf quelques débris de naufrage qu'il recueille à de rares intervalles, le montagnard arctique n'a pas de bois à sa disposition, la mer n'en dépose jamais sur le rivage, il est donc obligé de se servir d'os pour fabriquer son traîneau, et ses armes qui se composent d'un couteau, d'un harpon, d'une lance faite d'une pointe de fer insérée dans un faisceau d'os liés ensemble, ou d'une épée assez ingénieusement confectionnée, soit avec des fragments de fer météorique trouvés dans le pays, soit avec des morceaux de cercles de fer provenant de barriques jetées à la mer à la suite du naufrage de quelques baleiniers. Sans arc ni flèches, l'Esquimau de ces contrées laisse le bœuf musqué errer librement en compagnie du renne dans les steppes arides qui s'étendent au pied des glaciers; l'art de la pêche lui est inconnu : Kane vit plusieurs lacs remplis de truites saumonées que personne ne songeait à attraper.

A l'aide de sa lance et de son harpon, le montagnard arctique parvient à tuer l'ours, le phoque et le morse aux redoutables défenses; en été il prend dans des rets une grande quantité de petits pingoins qui fournissent un aliment délicieux et très-apprécié de tous ceux qui ont visité les « rouges falaises de Béverley » comme Ross appelle poétiquement ces parages. Vous voyez que les peuplades dont nous parlons se nourrissant exclusivement d'animaux marins, il faut absolument, pour qu'elles puissent vivre qu'en toute saison la mer qui baigne les côtes reste libre. Sans cela tous les indigènes périraient dans l'espace d'un hiver. Mais la Providence, en bonne mère, a pourvu à cette nécessité au moyen des courants océaniques qui achèvent de disjoindre les champs de glace déjà brisés par la chute des vastes avalanches qui roulent sans cesse du haut des glaciers. Même au plus fort de l'hiver polaire il existe donc toujours du côte du Nord, quelque endroit où la mer est libre et où l'on est sûr de rencontrer le morse et l'ours polaire.

Non-seulement comme vous venez de le voir les pêcheurs arctiques ne trouvent pas sur la terre ferme d'animaux dont ils puissent se nourrir, mais ils n'ont pas même la ressource de faire pousser sur le rivage des herbes, des plantes ou des grains d'aucune sorte, le sol se refuse à rien produire. Quant aux légumes ou aux céréales, inutile d'ajouter qu'ils n'en soupçonnent pas même l'existence. C'est le seul peuple de la terre qui, à ma connaissance, soit entièrement carnivore ; au dire de Kane il serait destiné a périr dans un prochain avenir, mais je ne vois rien qui puisse autoriser une pareille supposition, si ce n'est peut-être la loi fatale qui condamne les races sauvages à disparaître graduellement du globe ou à perdre leur caractère distinctif en se mêlant aux nations civilisées. Les montagnards arctiques occupent encore en 1864 les contrées où Ross les découvrit pour la première fois en 1818. Les rapports qu'ils ont avec les Européens leur ont été plutôt profitables que nuisibles. Tous ceux qui comme moi ont eu occasion de les voir, ont admiré leur caractère loyal et enjoué. Carrés de stature, ils ont la poitrine large, la voix sourde. Tantôt ils attaquent le morse et lui jettent un harpon dont ils tirent la corde en luttant avec le farouche animal sur une mince couche de glace ; tantôt ils lancent leurs chiens à la poursuite des ours polaires qu'ils mettent aux abois avant de les percer de leur lance ou de leur couteau. Ces pauvres sauvages traitèrent les marins de l'*Advance* avec une extrême bonté, ils les empêchèrent de mourir de faim et plus tard se soumirent à des exigences parfois déplacées avec une patience qui prouvait que la pratique des plus belles vertus de l'humanité leur était familière. Les femmes de la tribu accueillirent aussi fort bien les étrangers, elles leur donnèrent même de singuliers témoignages de tendresse et d'affection ; ce ne sont certainement pas les mères européennes qui, à l'instar des dames d'Etah, feraient de leur joli bébé un moelleux oreiller pour reposer la tête du voyageur fatigué. Du reste il paraît que les attraits des filles du détroit de Smith firent du ravage dans les cœurs à bord de l'*Advance*. On m'a raconté plus d'une histoire scandaleuse à ce sujet, et j'ai de bonnes raisons de croire qu'en dépit des difficultés qui rendent l'existence si pénible au 80° lat. N. et tout en laissant fort à désirer sous le rapport de la propreté, les beautés de Murchison-Sound sont aussi coquettes sous leurs vêtements de peau de phoque que dans les contrées plus méridionales leurs sœurs aux larges jupes. « *En nous façonnant, la main de la nature nous a tous faits parents.* »

Y-a-t-il parmi tous ces récits du monde polaire rien de plus étrange que l'histoire de la désertion de Hans, le fidèle compagnon du docteur Kane, abandonnant son maître dans sa retraite vers le midi et retournant se fixer chez les montagnards arctiques par amour pour la belle fille de Shangu qui avait fait preuve de dévouement en le soignant d'une blessure reçue dans une chasse au phoque? La fuite des deux amants sur un traîneau construit avec des os et traîné par des chiens sauvages n'est-elle pas une scène d'amour et de mœurs arctiques fort réussie dans son genre? Le malheur c'est que Hans était marié. Pauvre Hans! s'écrie douloureusement le docteur Kane, et moi je dis : Pauvre miss Shangu!

Ce n'est point sans motifs que je suis entré dans quelques détails sur les mœurs des habitants du Pôle Nord, j'ai voulu vous montrer que les montagnards arctiques, quoique carnivores, valaient autant que nous sous bien des rapports ; ils ont déjà été utiles aux Européens, ils peuvent l'être encore par la suite ; leur existence dans ces parages prouve qu'il est possible à des êtres humains d'y vivre pendant toute l'année et en toute saison.

Kane rapporte que ses amis du Pôle Nord refusèrent de l'accompagner au delà du glacier de Humboldt et paraissaient n'avoir pas connaissance des terres situées au nord. Cependant Morton trouva sur le rivage, entre ce même glacier de Humboldt et le cap Constitution, un débris de traîneau esquimau, ce qui semblerait indiquer qu'il y a aussi des Esquimaux de ce côté du Smith-Sound; mais dans ce cas, jusqu'où s'étendent les tribus indigènes? Grave question que vous devez vous faire. Plusieurs d'entre elles n'occupent-elles pas des points plus rapprochés du Pôle que l'endroit où Kane découvrit les naturels du pays, c'est-à-dire que le 80° nord? Vous savez que les seuls montagnards arctiques connus jusqu'à présent habitent exclusivement le rivage du Groenland ; ainsi placés, ils peuvent rendre des services réels à notre expédition.

Il se trouveront en effet assez près de nous pour nous aider dans nos chasses et conduire nos traîneaux ; ils en seront assez éloignés pour ne pas troubler le bon ordre et la discipline de l'expédition dans les moments de danger et de souffrance.

Il y a encore une raison pour préférer la route du Groenland à toute autre : c'est l'existence d'établissements danois tout le long de la côte du Groenland jusqu'au 70° N. Quand il lui fallut revenir sur ses pas; Kane s'embarqua avec ses compagnons sur des bateaux non pontés qui le transportèrent sans encombre à Upernavick. Les explorateurs futurs ne pourraient-ils pas suivre cet exemple, si leurs navires éprouvaient quelque avarie dans le détroit de Smith? Maintenant que j'espère vous avoir montré quelle serait la meilleure route à suivre pour parvenir au Pôle, passons à l'exécution du projet lui-même.

Avant tout, il me paraît indispensable que la marine royale ait la haute direction de l'expédition projetée et que le personnel composant la susdite expédition soit soumis à la discipline navale. Une exploration au Pôle qui n'aurait qu'un caractère purement privé ne m'inspirerait aucune confiance. Les préparatifs de l'expédition exigent qu'on ait à sa disposition les ressources d'un arsenal maritime ainsi que des hommes spéciaux pour tout ce qui concerne l'armement des vaisseaux, l'approvisionnement de denrées alimentaires, la confection de vêtements, la construction des traîneaux, en un mot, l'équipement ; on aura ainsi un matériel solide et en bon état. Nos arsenaux sont remplis de vaisseaux de guerre en bois qui se détériorent et pourrissent sur leurs ancres ; toutes les vieilles femmes qui habitent nos ports de mer font cuire leur thé avec de belles planches de chêne, provenant des canonnières sacrifiées. Nous n'avons pas besoin de vaisseaux à trois ponts ; si vous en vouliez absolument, on vous en donnerait; mais il faut être plus modeste et ne point demander des bâtiments d'aussi grande dimension que les vaisseaux de ligne. Par exemple, gardez-vous de croire que l'Amirauté prendra l'initiative de cette affaire. Colomb n'aurait pas découvert le nouveau continent, l'immortel Cook n'aurait pas fait son voyage autour du monde, et les noms illustres de Franklin, de Ross et de Parry ne seraient pas inscrits aujourd'hui dans les fastes de la renommée si les Amirautés des siècles passés s'étaient seules occupées d'organiser des explorations géographiques et scientifiques.

Les savants qui pensent que le personnel de la marine, officiers et matelots, a une mission plus noble à remplir que celle de tuer ou de se faire tuer, trouveront Sa Grace le Duc de Somerset tout aussi disposée que les nobles seigneurs d'autrefois à accueillir favorablement les demandes raisonnables et légitimes qu'ils lui exposeront. Le Conseil de la marine, et avec lui tous les autres Conseils, répondront à l'appel du public dont ils doivent servir les intérêts avec dévouement. J'espère que l'opinion publique, dirigée par les savants de ce pays, sera assez puissante pour faire entreprendre avant peu, sous les auspices de la marine royale, une expédition au Pôle. Notre marine a besoin de s'exercer: il ne faut pas qu'elle s'endorme dans la routine ou qu'elle se laisse corrompre par la gangrène morale que produit une paix continuelle. Sous le rapport moral, comme sous le rapport sanitaire, une exploration arctique serait préférable aux campagnes du Japon ou aux expéditions contre les Aschanties ; elle remédierait parfaitement à tous ces inconvénients.

Si vous nous instruisez, ou, si vous tenez à ce que nous devenions des marins accomplis, si vous excitez nos désirs et notre ambition, ce n'est pas pour nous faire ensuite calfater des vaisseaux, monter à la tête des mâts et courir sur les vergues ; ce n'est pas pour arrêter l'essor que vous avez donné à notre intelligence en la développant.

La marine anglaise ne demande pas la guerre comme le seul moyen qu'elle ait de servir honorablement le pays et d'acquérir de la renommée. Vous savez bien qu'il y a certaines entreprises dans lesquelles il est aussi glorieux de réussir que de remporter une victoire sur l'ennemi. Pour un gouvernement et un peuple éclairé, c'est un devoir de chercher à satisfaire cet ardent désir de gloire qui est le principe vital de la profession de marin ; oui, je soutiens qu'il faut protéger et encourager une si noble passion.

En tenant compte à la fois des considérations précédentes et des résultats scientifiques que doit produire une exploration polaire, est-ce trop de demander pour mettre notre projet à exécution, outre une portion de la somme si considérable affectée chaque année aux dépenses de la marine, deux petits bâtiments à hélice et un équipage de 120 hommes, tant officiers que matelots, à prendre sur les 50,000 marins qu'on met annuellement à la disposition de l'Amirauté?

Supposons qu'on nous ait accordé tout cela et que nous ayons deux vaisseaux dans le genre du *Pioneer* et de l'*Intrepid* prêts à faire voile au printemps de 1866. En partant, l'expédition commencerait par se rendre à la baie de Baffin, atteindrait le cap York au mois d'août, puis laisserait un des navires avec 25 hommes d'équipage chercher un ancrage sûr au cap Isabelle ou dans les environs, le second vaisseau, monté par 85 marins, poursuivrait sa course en longeant la côte occidentale du Groenland jusqu'à la hauteur du cap Parry, ou du moins tâcherait de suivre cette direction, mais sans s'éloigner de plus de 300 milles de son compagnon de route. En automne, le navire du sud, en organisant un certain nombre de dépôts d'approvisionnements, pourrait établir des communications avec le navire du nord, lequel installerait aussi de son côté, dans la direction du Pôle, des dépôts qui serviraient pour les opérations du printemps. On emploirait les années 1867 et 1868 à explorer en bateau ou en traîneau le Pôle et les régions inconnues. En 1869, on quitterait le détroit de Smith, et les deux navires, ou à leur défaut des bateaux non pontés, transporteraient l'expédition à Upernavick. On aurait ainsi passé deux hivers et trois étés dans les contrées arctiques, mais l'expérience a démontré que des hommes jouissant d'une bonne santé y pourraient rester un aussi long espace de temps sans danger de maladie.

Quant aux trajets qu'il faudra faire en traîneau, ils seront bien moins longs que ceux accomplis par nos marins dans les parties les plus arides de la zone glaciale. Nous avons sur ce point de nombreuses données qui ne laissent aucun doute. Ainsi, en 1853, le commandant Mac-Clintock fit 1220 milles géographiques (2260 kilomètres) ; en 105 jours, le lieutenant Mecham fit 1203 milles (2228 kilom.), et le capitaine Richard fit 1093 milles (2024 kilom.). Remarquez qu'en mesurant l'étendue des pays ainsi traversés on trouve 968 milles (213 kilom.) de plus que la distance qui sépare le Pôle du cap Parry. Citons encore le lieutenant Hamilton qui, n'ayant avec lui qu'un seul compagnon de route, voyagea pendant 1150 milles (2130 kilom.) dans un traîneau tiré par des chiens. Dans les expéditions postérieures à l'année 1853, les courses en traîneau deviennent plus longues et les souffrances des explorateurs diminuent. En 1854, Mecham parcourut 1157 milles (2145 kilom.) en soixante jours ; sa rapidité lui donna une avance d'un mois, et de 300 milles (556 kilom.). En 1859, le capitaine Mac Clintock fit 1330 milles (2465 kilom.) et Young 1150 (2130 kilom.). L'officier distingué dont je viens de vous parler, Mac Clintock, pense qu'on peut arriver à franchir en traîneau une distance de 1500 milles (2778 kilom,), soit 500 milles (926 kilom.) . de plus que la distance du cap Parry au Pôle en comptant l'aller et le retour. Grâce à l'expérience laborieusement acquise pendant ces dix dernières années, la période de temps que nos marins consacrent aujourd'hui à des explorations en traîneau qui les retiennent loin de leurs navires est double de ce qu'elle était autrefois et, d'autre part, la distance parcourue se trouve triplée, tandis que la somme des fatigues et des dangers personnels auxquels nos hommes sont exposés est réduite à son minimum.

Je n'ai pas la prétention de vous convaincre en venant vous exposer purement et simplement, sans arguments à l'appui, mon opinion sur la possibilité d'une exploration en traîneau des régions polaires, exploration qui selon moi n'offre aucun danger; permettez-moi donc de m'en rapporter au témoignage d'un homme dont l'expérience fait autorité en cette matière. Voici ce que m'écrivait en décembre dernier, le capitaine Mac-Clintock : « Grâce à vous, la question du Pôle Nord renaît de ses cendres, et j'en suis fort aise. Je serais tout disposé à retourner dans les régions arctiques, car je crois la génération actuelle appelée à éclaircir le mystère de ces contrées ; quand il s'agit de voyages en traîneau avoir pour soi l'expérience, c'est pouvoir, vous le savez bien. »

Une pareille déclaration de la part d'un officier qui a passé sept hivers et dix étés dans ces parages, laisse-t-elle encore subsister le doute dans votre esprit? Non, j'en suis sûr, et je suis même persuadé que vous considérez avec moi le capitaine Mac-Clintock comme le seul chef capable de diriger une exploration en traîneau.

Troisième point. — Abordons maintenant la dernière partie de la discussion et voyons les avantages que l'on peut espérer d'une expédition polaire.

Vous formez un corps savant et par cela même votre attention doit d'abord se porter sur ce grand espace inexploré qui embrasse 1,131,000 milles carrés de la surface du globe. c'est une lacune considérable qu'il faut combler. Que renferment ces régions inconnues? Des terres ou des mers, de vastes et silencieux déserts couverts de glace, ou une mer libre abritant dans ses profondeurs des myriades d'êtres animés? Vous l'ignorez, mais vous savez déjà que tous les pays que vous avez visités dans cette direction sont peuplés d'animaux et d'êtres humains.

Vous savez également quel intérêt présente au point de vue de la géographie physique la découverte que vous avez faite par le 80° latitude nord, du seul endroit de la Terre où l'homme ne récolte ni herbe, ni plantes, ni grains qui puissent servir à son alimentation. Jusqu'ici les explorations botaniques dont cette contrée a été le théâtre, ont été faites avec assez peu de soin et néanmoins le savant botaniste américain, M. Durand, tout en déplorant dans un de ses mémoires que le docteur Kane ait perdu la plus grande partie des plantes arctiques qu'il avait rassemblées considère le reste comme « la plus belle collection qui ait jamais été rapportée par un voyageur polaire. »

Le fait est que Kane a ajouté trente-sept genres de plantes découvertes au nord du 73° latitude nord à la liste récemment publiée par l'éminent naturaliste arctique, sir John Richardson. Il y avait donc dans la géographie botanique de la zone glaciale une erreur de 50 pour 100.

Tout ceci prouve que plus d'une surprise attend au Pôle les géographes et les botanistes, il leur faudra étudier à la fois la flore terrestre et maritime, celle des lacs d'eau vive et celle que l'on trouve dans les rivières qui descendent des glaciers. Puis comme question se rattachant a l'organisation du règne végétal et du règne animal dans le bassin polaire, ils auront à expliquer les anomalies bizarres que présentent le climat des bords de ce même bassin.

Selon Kane la région où le froid sévit avec le plus d'intensité est aussi la plus riche en flore, celle où les naturels se nourrissent d'animaux marins où les rennes abondent en si grande quantité que, dans une expédition postérieure à celle de l'explorateur américain, un voyageur en tua une fois 600, et put ainsi fournir de viande fraîche, tous ses compagnons pendant un long hiver (1). C'est là, dans le havre de Rennslaër baigné au midi par une mer libre de peu d'étendue et au nord par une mer également libre et de peu d'étendue, du moins suivant l'opinion de Kane, que la température descend pendant l'hiver à une moyenne extrêmement basse inférieure à celle que nous avons notée nous-même à l'île Melville près de laquelle il n'existe pourtant pas de mer libre, car pour en trouver il faut aller jusqu'à la rivière Mackenzie ou à l'entrée du détroit de Lancastre. M. Schott le savant météorologiste américain frappé de ce fait etrange cherche à l'expliquer par deux hypothèses. « De deux choses l'une, dit-il, ou la Terre Grinnell ou la Terre Washington se prolongent toutes deux fort loin, l'une vers le nord et l'autre vers l'est, ou l'intérieur des contrées qui bordent le détroit de Smith de chaque côté s'élève à une hauteur considérable au-dessus du niveau du canal, » et M. Schott conclut en repoussant l'existence d'une mer libre autour du Pôle.

(1) C'est M. Cornélius Grinnell qui m'a appris ce curieux épisode du second voyage du Dr Hayes au Smith-Sound.

Le fait est que la météorologie est en défaut ici comme partout où l'on veut établir des théories sur des données insuffisantes. Au point de vue de la science rien ne peut offrir plus d'intérêt qu'une série d'observations météorologiques faites avec soin dans les régions polaires. Le climat de ces contrées est encore un mystère, et les observations superficielles de Kane comme celles que nous avons recueillies dans nos voyages de découvertes ont besoin d'être contrôlées par une expédition scientifique composée d'hommes capables, spécialement adonnés à l'étude de la météorologie.

La géologie, les curieux phénomènes qui font des glaciers de véritables merveilles de la nature, les courants de glace de Humboldt et de Melville, voilà de quoi dédommager de leurs fatigues les futurs explorateurs du détroit de Smith. Devant des hommes que leur savoir éminent met si bien à même d'indiquer dans le domaine scientifique les points qui doivent être l'objet de recherches spéciales, il me conviendrait mal d'insister plus longtemps sur un pareil sujet. Je dois plutôt chercher à m'excuser auprès des savants de la témérité avec laquelle je touche à des matières dont, en ma qualité de marin, je ne possède qu'une connaissance fort imparfaite. Mais je m'adresse ici à ceux qui n'ont que des idées générales sur toutes ces questions; or il est à craindre que ces mêmes personnes, en discutant plus tard le projet d'exploration, se laissent trop facilement entraîner à répéter le cri du coucou « *cui bono?* » Le Conseil de la Société est trop éclairé, je le sais, pour suivre un pareil exemple et pour me demander de démontrer la nécessité d'une nouvelle expédition scientifique en arguant des bénéfices à retirer de l'huile et des os de baleine, des peaux de morse, du lard de phoque, des dents de narval, du cuir de daim, des fourrures ou du graphite d'Upernavick. Autant vaudrait considérer l'exploration de la Nouvelle-Guinée au point de vue des spéculations à faire sur les queues de paradisiers et les plats de nids d'oiseaux.

Non ! je place la discussion sur un terrain purement scientifique, et je vous prie, vous membres de la Société géographique, si vous n'êtes pas satisfaits des résultats géographiques que vous aurez à récolter, de consulter la Société Royale et le savant Conseil qui la dirige sur la question de savoir si les avantages de l'expédition ne compenseront pas suffisamment ce qu'elle aura coûté de peines et d'efforts.

J'en appelle avec confiance au président de la susdite société, au général Sabine, le doyen des officiers qui accompagnèrent Ross et Parry dans les premières explorations de la zone hyperboréenne. C'est lui qui au Spitzberg, à l'île de Melville et dans le Groenland oriental fit sur le magnétisme terrestre les remarquables observations qui servirent plus tard à dresser les belles cartes de l'inclinaison, de la déclinaison et de la force magnétique sur tous les points du globe. Ces cartes, admirables résumés de données scientifiques qu'elles condensent en quelques formules simples et pratiques, sont bien appréciées des marins reconnaissants d'un si utile travail. Le général Sabine dit-il qu'il n'y a plus rien à faire dans les régions polaires ? Tout au contraire dans un discours prononcé devant la Société Royale le 30 novembre 1863, je le vois insister sur le plaisir avec lequel il apprend les ordres donnés par le gouvernement suédois pour que l'on mesure au Spitzberg un arc du méridien terrestre. Or quarante ans auparavant le général éveillait déjà l'attention du public anglais sur l'importance et la nécessité d'une pareille opération, il disait même qu'il avait conçu les plans propres à en assurer l'exécution et que son vœu le plus cher était d'obtenir la permission de diriger lui-même les travaux de l'entreprise.

Dans un premier mémoire sur cette question adressé à M. Gilbert, membre du Parlement, vice-président de la Société royale, en 1826, le général Sabine s'attache à démontrer les facilités qu'on aurait au Spitzberg pour mesurer un arc du méridien comprenant presque 4° 1/2 de latitude. En comparant l'arc obtenu au Spitzberg avec un arc mesuré dans le voisinage de l'équateur, on trouverait la proportion qui existe entre le diamètre polaire et le diamètre équatorial. Ce serait là un grand avantage sans nul doute, car pour arriver à un résultat semblable en Laponie, il faudrait obtenir un arc ayant six fois autant d'étendue que celui mesuré par les académiciens français.

L'opération réussira-t-elle? La Société royale l'espère ; mais cela dépend de l'énergie dont le gouvernement suédois est capable quand il s'agit de l'intérêt de la science. Dans tous les cas je ne vois pas pourquoi notre expédition polaire ne s'arrangerait pas aussi de son côté de façon à pouvoir mesurer un arc de 4 degrés sur le rivage du détroit de Smith.

Je vous ai déjà dit qu'il serait nécessaire que l'un des vaisseaux restât au cap Isabelle pendant que l'autre poursuivrait sa course jusqu'au cap Parry que je considère comme le quartier général et le point de départ d'une expédition au Pôle. L'espace qui sépare le cap Parry du cap Isabelle comprend plus de 4 degrés ; en été, pendant l'absence de l'expédition du nord, les marins qu'on laisserait en arrière pour garder les vaisseaux n'auraient donc rien de mieux à faire qu'à mesurer l'arc en question ; du reste la couche de glace qui recouvre le détroit offrirait des facilités exceptionnelles pour ce travail et les explorateurs pourraient emporter d'Angleterre tout le matériel nécessaire aux savants qui se chargeraient de l'entreprise.

En novembre 1864, le général Sabine, dans un nouveau discours à la société royale, signale à l'attention de l'Assemblée des découvertes récentes prouvant que le Gulf-Stream s'étend du tropique jusqu'à la Nouvelle-Zemble, ainsi qu'une communication du professeur Forchhammer de Copenhague « qui enrichit d'observations fort intéressantes l'histoire de la mer, ce thême d'inépuisables recherches. » Le professeur Forchhammer établit au moyen d'une analyse faite avec soin que la quantité de sel qui existe dans l'eau de l'océan Atlantique est en raison inverse de la profondeur. Cette loi reconnue exacte, même pour des profondeurs considérables, sert à démontrer qu'il y a dans l'Atlantique un courant polaire sous-marin puisque les mers équatoriales sont plus riches en sel que les mers polaires. Toujours au moyen de l'analyse il a été prouvé que le courant qui longe la côte orientale du Groenland se forme à l'équateur et non au Pôle et n'est autre que le Gulf-Stream qui revient après avoir fait le tour du Spitzberg. De là les conclusions suivantes habilement déduites par le savant président de la Société royale : « Vous le voyez, il n'y a rien d'impossible à ce que la mer libre aperçue par Kane au terme de sa course et décrite par lui comme renfermant des animaux de toute espèce soit simplement l'extension de ce même courant équatorial qui produit des effets si bizarres sur tout son parcours. » — « Quand on recommencera à explorer les régions polaires, ce sera sans doute l'un des premiers problèmes dont on trouvera la solution. » Dans une lettre qu'il m'écrivait dernièrement le général Sabine ajoutait ces quelques lignes pleines de justesse et d'éloquence : « Atteindre le Pôle c'est la plus belle entreprise géographique qu'il soit donné à l'homme d'accomplir, mais je dois l'avouer, je serais peiné de voir un étranger ravir à l'Angleterre un succès appelé à couronner dignement la gloire sans rivale qu'elle a acquise dans les explorations arctiques. »

A la suite de cet exposé, qui captiva au plus haut point l'attention de la Société royale géographique, le président, l'honorable baronnet Sir Roderick I. Murchison, prit la parole pour présenter un résumé clair et concis de la question (1), il insista surtout sur l'immense importance scientifique des explorations arctiques. Il termina en donnant son entière approbation au projet du capitaine Sherard Osborn et en citant l'opinion de Sir John Barrow : « que le pouvoir *matériel* de la marine anglaise était suffisamment apprécié par l'étranger ; que son influence *morale*, non moins précieuse, devait être constamment entretenue par les voyages de découvertes ; que relativement au *cui bono?* question qui pouvait être faite, on devait répondre par la longue nomenclature de tout ce que réclamait le savoir humain ; enfin que suivant un mot profond d'un des ministres de la reine Elisabeth, dans une pareille

(1) Nous empruntons le résumé des discussions au travail de M. Gustave Lambert.

occurrence, la devise devait être : *vouloir c'est pouvoir.*

Le général Sabine, président de la Société royale de Londres, prit ensuite la parole pour dire qu'il pactisait de tout cœur avec la louable proposition du capitaine Sherard Osborn ; il cite à l'appui de son projet le témoignage de plusieurs marins de distinction, et il termine en promettant l'appui de la Société royale.

L'amiral Sir Edward Belcher, M. John Lubbock, président de la société d'ethnologie, le capitaine Hamilton, M. Clément Markham, l'un des secrétaires de la Société, lord Dufferin, M. John Crawfurd, le capitaine Inglefield, l'un des vétérans des mers arctiques, prirent ensuite successivement la parole pour témoigner toute leur sympathie en faveur de l'expédition ; ils insistèrent sur l'absence de dangers pour la vie des hommes, sur l'importance scientifique d'un pareil projet, sur l'honneur qui en rejaillirait sur l'Angleterre.

Enfin le capitaine Sherard Osborn prit de nouveau la parole pour répondre à quelques questions et développer quelques considérations ; il remercia l'amiral Belcher d'avoir si à propos évoqué le souvenir de Sir Francis Beaufort et il termina en disant une des paroles que lui adressait cet homme éminent : « Sachez convaincre, lui disait Sir Francis Beaufort, des hommes comme Sir Roderick I. Murchison et le général Sabine, et vous convaincrez l'Amirauté (1). »

La discussion continua à la séance suivante, celle du 27 février 1865 ; après que le président eut annoncé l'entier acquiescement du conseil de la Société royale de Londres au projet d'exploration arctique du capitaine Sherard Osborn, celui-ci prit la parole pour dire

(1) Voir les *Proceedings of the Royal Geographical Society*, vol. IX, 1865, p. 42.

qu'il n'avait pas le désir de s'opposer à la théorie du D. Aug. Petermann relativement à l'existence d'une mer libre autour du Pôle, que d'ailleurs *il croyait que le capitaine Maury, des Etats-Unis, le plus habile hydrographe de ce temps partageait cette opinion ;* il ne pensait pas cependant que toute la région polaire fût occupée par l'eau. Il persistait dans sa préférence pour la route du *Smith-Sound* (détroit de Smith) ; d'autant plus que l'adoption de son plan détruirait toutes les craintes de dangers pour le salut de l'expédition. La paix, ajoutait-il, dure depuis dix ans ; il est urgent de fournir quelque occasion de se distinguer aux marins jeunes et énergiques ; en même temps on servira les intérêts de la science ; les volontaires ne manqueront pas. L'Angleterre dépense annuellement 250 millions de francs pour sa marine ; depuis dix ans elle a jeté aux vents 3 milliards 750 millions de francs, quoique l'on puisse compter sur le bout des doigts le nombre des navires ayant combattu. Est-il donc déraisonnable de demander qu'une faible part de cette énorme somme soit dépensée dans un but scientifique ?

Le professeur Owen, succédant à l'orateur, ajouta qu'il ne pensait pas que l'on pût jamais garder un silence patient tant que l'on n'aurait pas mis à exécution le projet d'exploration polaire. Quoique la géologie ait peut-être moins à attendre des expéditions arctiques que les autres sciences, elle n'était pas moins fort intéressée dans ces recherches, surtout si une mer libre, nécessairement prodigue de vie, existait dans ces régions. L'Angleterre se devait à elle-même de terminer sa tâche. Il entra ensuite dans quelques considérations d'histoire naturelle et d'ethnologie ; il termina en déclarant au nom de la zoologie que l'on devrait exercer un vigoureux effort en faveur de l'exploration proposée.

Le capitaine Maury prit la parole pour citer quelques faits tendant à prouver que la mer reste ouverte, même pendant l'hiver, en certains endroits, et sans se prononcer sur le choix de la route il appuya chaleureusement l'expédition faisant ressortir que le gouvernement anglais, après avoir perdu tout espoir de frayer par le nord-ouest une voie commerciale usuelle, n'en avait pas moins continué les expéditions pour entretenir l'énergique esprit qui caractérisait sa marine. Pour terminer il exprimait l'espoir qu'après en avoir fini avec le Pôle Nord on songerait aussi au Pôle Sud. Lord Houghton, succédant au capitaine Maury, dit qu'après avoir consciencieusement étudié le projet en sa qualité de commissaire de la Société géographique, il considérait comme son devoir de le défendre en toute circonstance. Si une terrible tragédie, ajoutait-il, est venue à propos du sort funeste de Franklin jeter un voile lugubre sur l'esprit public, le temps a effacé son effet ; il recommandait donc expressément que toutes les sociétés savantes réunissent leurs efforts, en faisant ressortir les immenses avantages, non moins que les faibles dangers d'une nouvelle exploration, et il ne doutait pas que le gouvernement ne cédât à leurs instances. M. Hamilton, président de la Société de géologie, exposa ensuite l'immense importance technique de l'expédition pour la branche des sciences spéciales de la formation de la Terre; il exprima l'opinion qu'une très-rigoureuse pression fût exercée sur le gouvernement pour qu'il prêtât au projet d'exploration au Pôle Nord toute l'assistance qu'on était en droit d'attendre de lui.

Sir Roderick I. Murchison en levant la séance, assura

au président de la Société de géologie qu'il y avait tout lieu d'espérer qu'une pression exercée par les sociétés savantes de la métropole serait suivie d'un prompt succès, mais qu'il fallait pour cela que l'action fût forte, opiniâtre et collective (1).

III.

Projet allemand présenté par Augustus Petermann.

Au début de la séance de la Société royale géographique de Londres qui eut lieu le 27 février 1866, l'honorable président Sir Roderick I. Murchison prit la parole pour annoncer aux membres présents deux communications relatives au projet d'expédition au Pôle Nord, mis en avant par le capitaine Sherard Osborn ; l'une de ces communications était de M. Cl. Markham qui, lui-même, avait autrefois exploré les régions arctiques; elle traitait de l'origine et des migrations des Esquimaux du Nord ; l'autre était de M. le docteur Augustus Petermann l'un des membres honoraires de la Société. Le géographe allemand, tout en approuvant l'idée du capitaine Sherard Osborn, proposait une voie nouvelle, celle des mers de la Nouvelle-Zemble et du Spitzberg, qu'il croyait devoir présenter plus de chances de réussite aux explorateurs, que celle de la mer de Baffin et du Smith Sound.

Dans une première lettre en date de Gotha, 9 février 1865, et adressée au Président de la Société royale géographique de Londres, il s'exprimait ainsi :

Je suis bien aise de voir que l'Angleterre se dispose à recommencer de nouvelles explorations dans les régions polaires et que l'initiative prise à ce sujet par le

(1) Voir les *Proceedings*, vol. IX, 1865, p. 90.

capitaine Sherard Osborn, ait trouvé auprès de vous comme auprès des membres de la Société géographique un accueil sympathique. La plupart des mystères de l'intérieur de l'Afrique et de l'Australie sont éclaircis aujourd'hui, mais il reste encore à résoudre des problèmes scientifiques du plus grand intérêt ; la géographie des régions polaires centrales demande à être mieux connue, et il faut essayer maintenant de parvenir jusqu'aux Pôles eux-mêmes. Il est réservé, je crois, à l'Angleterre d'accomplir cette noble tâche préférablement aux autres nations, du moins, il est certain qu'elle a tout ce qu'il faut pour réussir dans de pareilles entreprises, pour acquérir une gloire qui couronnera dignement les découvertes faites jusqu'à présent sur notre globe.

Les observations que je soumets ici à votre bienveillante attention ainsi qu'à celle de tous les géographes anglais portent sur le projet du capitaine Osborn et la discussion auquel ce projet a donné lieu le 23 janvier 1865 dans une séance de la Société royale géographique dont le compte rendu inséré le 6 février dans les *Proceedings* m'est parvenu aujourd'hui même. Contrairement à l'opinion émise par le savant officier de marine, je pense qu'il vaut mieux pour se rendre au Pôle, suivre la direction du Spitzberg que celle du Smith Sound. Comme depuis treize ans je ne cesse de recommander aux explorateurs cette route, de préférence à toute autre, j'espère qu'il me suffira aujourd'hui de renvoyer en termes généraux aux travaux que j'ai déjà publiés sur cette question. Je me bornerai donc à reproduire dans un résumé rapide quelques-unes des principales considérations qui forment la base de mon argumentation, en vous rappelant, toutefois, monsieur, que dans des discours prononcés par vous en 1852 et 1853 devant la Société de géographie, vous avez reconnu la « justesse » de ces considérations et constaté les avantages considérables que l'Angleterre pourrait retirer pour la géographie et la pêche à la baleine d'une exploration dans les mers du Spitzberg.

I. — Pour aller par le plus court chemin de l'Angleterre au Pôle, il faut traverser les mers qui baignent le Spitzberg à l'est et à l'ouest ; en prenant à l'ouest du Spitzberg, la distance de Londres au Pôle est de 2,400 milles marins (1), en passant à l'est elle est de 2,500 milles. Au contraire si l'on veut se rendre au Pôle par le Smith Sound, il faut faire 4,000 milles. En s'avançant à 2,400 milles de Londres dans cette direction on arrive seulement au milieu du détroit de Davis.

II. — Les mers du Spitzberg forment la plus large voie, la seule voie maritime qui donne accès au Pôle et dans les régions polaires centrales ; les vaisseaux auront donc un grand intérêt à prendre une route qui est à la fois plus courte et plus favorable que toute autre à la navigation.

III. — On trouve moins de glace dans les mers du Spitzberg que dans les mers arctiques ou antarctiques situées à la même latitude ; quelle que soit la saison, le parallèle du 80° nord n'est jamais fermé aux petites embarcations qui y pénètrent aisément et sans courir aucun danger sérieux. Comme le remarque judicieusement le capitaine Osborn, « on fait souvent sur de simples yachts des voyages d'agrément dans ces lointains parages qui sont aussi visités chaque année par les bateaux non pontés des pauvres pêcheurs Norvégiens. »

(1) Le mille marin vaut 1852 mètres.

Dans le détroit de Smith les Anglais et les Américains ont réussi en combinant leurs efforts, à s'avancer avec leurs vaisseaux jusqu'au 78° 45′ nord, en traîneau ils ont atteint le 81°. Mais malgré ces tentatives énergiques on n'a pas été dans cette direction beaucoup plus loin que Baffin qui, il y a 249 ans, en 1616, remonta jusqu'au 78° nord, c'est-à-dire presque aussi haut qu'Inglefield, Kane et Hayes, et notez que ces deux derniers voyageurs étaient partis avec le dessein bien arrêté d'atteindre le Pôle Nord.

IV. — La quantité de glaces flottantes qui forme obstacle à la navigation dans les mers du Spitzberg augmente ou diminue dans une proportion qui est la même pour les autres mers de même nature, comme par exemple la baie de Baffin. Ainsi tous les navigateurs anciens ou modernes s'accordent à dire que les mers du Spitzberg charrient moins de glaces au printemps ou en automne, qu'au milieu de l'été, souvent même la glace disparaît entièrement.

V. — Une mer aussi vaste, aussi profonde que celle qui baigne le nord du Spitzberg (Sir E. Parry n'en trouvait pas le fond à 500 fathoms, 914 mètres), agitée par la force des courants et la houle de l'Atlantique ne gèlera jamais même en hiver sur toute son étendue ou du moins ne sera jamais recouverte d'une couche de glace assez solide pour qu'on puisse s'aventurer dessus en traîneau ; elle sera toujours d'un accès plus facile que le labyrinthe d'îles et de mers exploré par les expéditions envoyées à la recherche de Franklin et situé à 20 degrés au sud du Pôle au milieu des bancs de glaces qui l'entourent de tous côtés. Quand Sir E. Parry partit en 1827 pour les régions arctiques, il croyait à l'existence d'une couche glacée s'étendant jusqu'au Pôle. Mais il lui fut impossible de se rendre en traîneau au but qu'il se proposait, la glace au lieu d'être fixe et solide comme il l'espérait, était brisée et flottante et n'avait que la moitié dé l'épaisseur de celle qui environne l'île Melville. De ce fait Parry conclut « qu'il était facile de naviguer jusqu'au 82° nord presque sans rencontrer de glaces. »

VI. — La tradition veut que de vieux marins anglais et hollandais aient autrefois trouvé la mer libre au 82° 45′, point extrême atteint par Parry. Plusieurs d'entre eux se seraient même avancés jusqu'au 88° et auraient depassé le Pôle. Le capitaine Osborn n'ajoute aucune foi à ces récits « de la rêveuse Amsterdam, contés par-dessus un verre de forte bière de Hollande, » mais la véracité habituelle des navigateurs hollandais et le soin avec lequel ils ont évité de faire mention de la découverte de nouvelles terres, imprime un certain caractère d'authenticité à leurs relations. Chacun sait que les navigateurs et les explorateurs sont tout disposés à découvrir des terres inconnues où il n'existe en réalité que de vastes océans. Que de côtes, d'îles et de continents découverts de la sorte qu'il a fallu effacer de la carte du monde !

Quoi qu'il en soit, il est incontestable que la mer qui se trouve au 82° 45′ est parfaitement navigable. De là au Pôle, il faut compter une distance de 435 milles, or c'est un trajet qu'un vaisseau peut faire sans plus de difficultés dans les mers du Spitzberg que dans la baie de Baffin ou toute autre mer polaire de la même étendue.

VII. — Quand on considère tout ce qui a rapport à la géographie des régions arctiques ; les distances que l'exploration actuelle aura à parcourir aussi bien que les observations déjà faites sur les courants, les bancs de glace flottants, et les troncs d'arbre charriés par les eaux, on reste persuadé que l'espace compris entre le Spitzberg et le Pôle est occupé par la mer et non par un continent. Même en admettant que la terre ferme existe au Pôle, une expédition qui prendrait la voie du Spitzberg pour arriver jusque-là pourrait continuer l'exploration en traîneau. Au contraire, si après avoir commencé l'exploration en traîneau sur la terre ferme, on rencontrait la mer sur son chemin il faudrait s'arrêter tout court, ou après des tentatives infructueuses comme celles de Wrangell et d'Anjou sur les côtes de la Sibérie, s'en retourner après avoir manqué son but.

De ce que les eaux ne charrient pas de bois au nord du détroit de Smith, je conclus que ce bras de mer ne communique pas avec la mer polaire qui baigne les côtes de l'Asie et celles de l'Amérique du Nord; il doit être fermé à son extrémité nord, non loin du cap Parry que Morton aperçut au 82°, par une langue de terre qui lui donne la forme d'une baie. Rien, si ce n'est le désir qu'on en a, n'autorise à supposer que la terre ferme se prolonge au delà du cap Parry jusqu'au Pôle. Il serait fort regrettable qu'on basât le succès d'une expédition sur une hypothèse de ce genre.

VIII. — Pour aller de la Tamise jusqu'au 82° 45' N., le point le plus éloigné qu'ait encore atteint une expédition sérieuse, et pour revenir de là en Angleterre, il fallut six mois à sir E. Parry et les frais de voyage s'élevèrent à 9,977 livres sterling (249,425 fr.).

A d'autres époques j'ai eu plusieurs fois l'occasion de soumettre à l'appréciation du public avec tous les développements nécessaires, les considérations que je vous présente aujourd'hui, et cependant non-seulement mes arguments n'ont pas été réfutés, mais les découvertes récentes et le témoignage des marins anglais sont venus chaque jour leur ajouter une nouvelle force. Je n'en veux pour preuve que la communication du docteur Henry Whitworth de Saint-Agnès, Cornouailles, médecin à bord du *True-Love* de Hull, qui s'est trouvé en 1837 par 82° 30′ latitude nord et 12° ou 15° longitude est. Voici ce qu'il dit : « J'ai tout lieu de croire qu'il est beaucoup plus facile de se rendre au Pôle par mer que par terre, car vers le 82 1/2°; nous rencontrâmes une mer libre qui s'étendait dans la direction du nord-est ; à ce point de notre voyage aucun obstacle ne vint plus entraver la marche du navire et si nous avions voulu pousser jusqu'au Pôle nous aurions pu le faire en toute sûreté, sans plus de difficulté. Du reste je suis certain qu'avec un vapeur à hélice bien construit, monté par des matelots exercés, commandé par un chef capable, il suffirait de trois mois pour mener cette entreprise à bonne fin, en passant à l'est du Spitzberg, il est même probable qu'on découvrirait de nouveaux gîtes baleiniers qui fourniraient une pêche abondante à nos marins. Il faudrait que l'exploration eût lieu pendant les mois d'avril, de mai et de juin. En juillet, la navigation de l'océan arctique devient dangereuse à cause des brumes épaisses qui couvrent la mer à cette époque de l'année. Pour compléter ce que j'ai à vous dire sur les régions arctiques, il est nécessaire de citer les résultats géographiques obtenus dans les explorations de la zone antarctique, les détails que je vous donnerai à ce sujet ont une grande importance au point de vue qui nous occupe.

Parmi tous les pays fabuleux dont l'existence était

autrefois considérée comme certaine, la *Terra Australis* tient le premier rang, c'est la plus gigantesque et la plus folle invention qui soit jamais sortie d'un cerveau humain. Il faut espérer que les erreurs absurdes qui s'accréditèrent à la suite des recherches entreprises pour découvrir ce continent inconnu nous rendront aujourd'hui plus circonspects à l'endroit de la *Terra Polaris* qu'on prétend située au nord du Smith Sound, ou de toute autre *Terra Polaris* du même genre.

Il y a 300 ans, on croyait que la *Terra Australis* s'étendait tout autour du Pôle sud depuis le détroit de Magellan au nord jusqu'au cap de Bonne-Espérance ; elle embrassait par conséquent tout l'espace occupé aujourd'hui par l'Australie, la Nouvelle-Guinée et une grande partie du Pacifique. Quand en 1642 Abel Tasman reconnut la côte méridionale de l'Australie, l'illusion se dissipa en partie, mais jusqu'aux voyages de Cook, pendant toute la période qui précéda ces 90 dernières années, on n'en resta pas moins persuadé qu'il y avait au Pôle un vaste continent Austral compris entre la Nouvelle-Zélande et les îles Bouvet (au sud du cap de Bonne-Espérance), deux points extrêmes que l'on considérait comme les promontoires de la terre antarctique. Le capitaine Cook, comme vous savez, partit pour les mers du Sud avec l'intention de résoudre « le problème qui préoccupait depuis longtemps les savants et les puissances maritimes de l'Europe, il voulait savoir si la partie inexplorée de l'hémisphère austral renfermait un grand océan ou un nouveau continent. Mettre fin à toutes les controverses qu'avait suscitées une question si curieuse et si importante, tel était le but que Sa Majesté se proposait quand elle ordonna d'entreprendre une exploration dans les régions antarctiques. » Grâce à Cook on sut à quoi s'en tenir, et il fut prouvé que le fameux continent austral n'existait pas ou du moins ne pouvait exister qu'au delà du 60° latitude sud. Tel n'était pas l'avis du lieutenant Wilkes de l'expédition des États-Unis, qui essaya plus tard de prouver le contraire et fit une carte sur laquelle il eut soin de placer sa terre australe derrière un mur impénétrable de glaces flanqué de hautes montagnes. Or remarquez que Ross en traversant ces parages du sud au nord y jeta la sonde et ne put toucher le fonds à 600 fathoms (1096 mètres).

Cook était dans le vrai en affirmant que la *Terra Australis* était une invention purement chimérique, mais il se trompait grandement en soutenant qu'il était impossible de pénétrer par mer ou autrement au delà du 71° 10′ Sud. Cette opinion devenue populaire fut longtemps un épouvantail pour les explorateurs antarctiques. Voici du reste ce que le célèbre navigateur disait à ce sujet : « La plupart de ceux qui étaient à mon bord pensaient comme moi que les glaces (situées au 71° 10′ lat. S.) s'étendaient jusqu'au Pôle même ou du moins jusqu'à un continent quelconque auquel elles devaient être fixées depuis des siècles. Les dangers qu'on court en explorant les côtes qui se trouvent dans ces mers inconnues et remplies de glace sont si grands que je ne suppose pas qu'on puisse s'aventurer plus loin que je l'ai fait et reconnaître les terres qui existent probablement au sud. » Ces paroles refroidirent singulièrement le zèle des explorateurs; pendant 40 ans aucun voyageur ne se hasarda dans les mers antarctiques; en 1819, seulement, une expédition commandée par Bellingshausen recommença les recherches qui furent continuées jusqu'en 1845 par Weddell, Biscoë, Kemp, Balleny, d'Urville, Wilkes, J. C. Ross et Moore. Sir James Ross, sans avoir à sa disposition de navires à vapeur, parvint jusqu'au 78° 10', c'est-à-dire qu'il dépassa de 7 degrés ou de 420 milles le point atteint par Cook.

Pour prouver que la présence des glaces rendait la navigation de l'Océan Antarctique impossible, au sud du 70°, Cook raisonnait absolument comme le public le fait aujourd'hui pour les mers du Spitzberg. Quand après avoir atteint le 60° lat. sud, tout proche de l'extrémité méridionale de Thulé, Cook revint sur ses pas, il prétendit qu'il commençait à se fatiguer de voyager dans ces parages lointains où il n'y avait que de la glace et d'épaisses brumes. Et cependant dans la même région, presque sur le même méridien, Weddell, avec de petits navires de 65 et de 160 tonneaux, dépassa le point atteint par Cook de 850 milles ; à cette distance du Pôle il paraît qu'il trouva une mer libre, une multitude de baleines et d'oiseaux et une température délicieuse. Ce fut le 20 février 1823 que Weddell arriva au 74° 15' lat. sud et au 34° 16' 45" long. ouest; une bise assez froide soufflait du sud par ouest, on n'apercevait du tillac que trois îlots de glace, du haut des mâts on en découvrait un quatrième, la mer était littéralement couverte d'oiseaux bleus de l'espèce des pétrels, la température était douce et agréable, l'atmosphère très-pure.

Quoi qu'il en soit il est certain qu'on ne s'est pas rendu suffisamment compte de la portée et des conséquences de la plus importante des lois qui régissent la formation et l'agglomération des glaces dans les mers arctiques et antarctiques. D'après cette loi les glaces qui chaque hiver se forment sur les côtes ou en pleine mer sont entraînées, à la fin de la saison, vers les latitudes inférieures, dans des parages où elles se fondent rapidement. Les vaisseaux qui naviguent dans la direction du Pôle au printemps ou en été (seules époques où les voyages polaires soient possibles) rencontrent généralement des courants de glace du côté de l'équateur, dans des contrées où il n'y a point de glace en hiver, où il y en a peu au printemps et en automne. Le même phénomène se produit dans toutes les mers polaires qui ont des débouchés d'un accès facile, quelle que soit d'ailleurs leur étendue. Ce fait est du reste prouvé par de nombreuses observations, dont la plupart ont été faites dans l'hémisphère austral, qui est traversé, comme vous le savez, par toutes les grandes routes du commerce et de la navigation. Pour avoir des données exactes sur les banquises flottantes que les navires sont exposés à trouver sur leur chemin dans la zone équatoriale, le capitaine Maury a compulsé 1843 registres de bord relatant les incidents survenus dans des voyages entrepris au 35° lat. sud. 167 de ces registres constatent la rencontre des banquises ; or 39 des susdites rencontres, c'est-à-dire presqu'un quart, ont eu lieu en décembre (à peu près notre mois de juin), aucune n'a eu lieu en juillet (notre mois de janvier), mais les registres en mentionnent 132 pour les mois de novembre, décembre, janvier, février et mars qui composent l'été antarctique (chez nous de mai à octobre) et 35 seulement ou un cinquième du tout pour la saison d'hiver. Après avoir soumis à un contrôle sérieux de nombreuses observations recueillies de 1858 à 1862, le directeur de l'observatoire de Flagstaff, à Melbourne, le professeur G. Neumayer, a obtenu des chiffres identiques. « En décembre et janvier, dit ce savant éminent, on trouve dans la partie sud de l'Océan Pacifique entre le 50° et le 55° lat. sud un grand nombre de banquises, dès que la bise souffle du sud et du sud-est, à la fin d'août (chez nous février), ces glaces se mettent en mouvement dans la direction du nord et arrivent au milieu de décembre, un peu avant que le vent ne tourne à l'ouest dans les parages compris entre le 50° et le 60° parallèle de lat. C'est dans les mois de novembre, décembre, janvier et février que les grandes agglomérations de glace se produisent au 55° parallèle lat. sud. Il vaut mieux que les vaisseaux passent à cette époque au 60° parallèle, ils courent ainsi moins de danger. » De sorte que des flottes entières de vaisseaux marchands traversent aujourd'hui sans difficulté ce même parallèle de 60° que Cook craignit autrefois de dépasser.

Il ne faut pas croire comme on le fait généralement qu'à mesure qu'on approche des pôles la glace augmente en quantité et en hauteur, quel que soit l'aspect sous lequel elle se présente, blocs flottants, bancs allongés ou muraille escarpée, elle n'occupe guère qu'une étendue qui varie de 2° à 6° de latitude ; *au delà, la mer est ordinairement libre.* Si l'on parvient à franchir avec des vaisseaux ces ceintures ou barrières de glace, on trouvera la mer ouverte à la navigation jusqu'aux latitudes extrêmes, et l'on pourra atteindre le Pôle en navire si toutefois la mer s'étend jusque-là.

En admettant qu'on réussît à faire une trouée dans les glaces flottantes qui entourent le Spitzberg au nord, je crois qu'il serait possible de gagner le Pôle boréal par mer. Chacun sait qu'à certaines époques de l'année et même souvent pendant l'année entière, la partie nord de la baie de Baffin est presque libre de glaces et d'un accès moins difficile que l'extrémité méridionale du détroit de Davis, plus éloignée du Pôle d'environ 1000 milles.

La présence d'un grand nombre de banquises dans les mers arctiques et antarctiques s'explique par les débâcles qui, chaque année en été, débarrassent les régions centrales polaires des glaces qui s'y sont formées et accumulées pendant l'hiver. Il n'est point étonnant que ces glaces descendent ensuite vers les latitudes inférieures et entravent dans chaque hémisphère la marche des vaisseaux qu'elles rencontrent, car combien y a-t-il de fleuves qui, impraticables à leur embouchure à cause des écueils qui en rendent la navigation difficile et dangereuse, offrent ensuite un trajet facile sur le reste de leur parcours?

L'expérience acquise dans les explorations antarctiques démontre qu'il est plus aisé de pénétrer au sein des régions polaires en navire qu'en traîneau, ce dernier mode de locomotion étant beaucoup moins commode que l'autre. Les expéditions envoyées à la recherche de Franklin — et le nombre en est grand — ont parcouru 40,000 milles en traîneau, et ont passé trois étés consécutifs dans des mers encombrées de glaces flottantes. Sir James Ross franchit à lui seul avec l'aide de son navire un espace de 41,500 (1) milles. Quand il explora la Terre Victoria au 70° la-

(1) Nous empruntons ces chiffres aux cartes qui se trouvent dans son ouvrage; la principale de ces cartes est si petite qu'il peut y avoir méprise; si la route qu'il a suivie était indiquée sur une carte de plus grande dimension, les calculs seraient plus précis et donneraient probablement un résultat de 50,000 milles.

titude, il fit en 10 semaines, 4,500 milles, mais comme il traversa à plusieurs reprises et en tous sens ces mêmes parages, il est plus que probable qu'il fit dans cet unique voyage plus de chemin que n'en ont jamais fait au sud du détroit de Lancastre toutes les expéditions envoyées à la recherche de Franklin. Ce que je rappelle ici se trouve du reste constaté dans un document officiel, le discours que le président de la Société royale géographique adressa à Sir J. Ross en lui décernant la médaille d'or, je cite textuellement : « La plus grande découverte géographique des temps modernes (celle de la Terre Victoria et de ses immenses volcans) a pu être faite dans le court espace d'un mois; et ce qui doit nous causer la plus vive satisfaction sans qu'on ait eu à déplorer aucun accident, aucun malheur, aucun cas de maladie. » Et moi j'ajouterai à l'énumération un mot qui a bien son importance « *sans l'aide de la vapeur.* »

Pour gagner le Pôle en traîneau en partant du Smith Sound, il faudrait faire mille détours au milieu d'un réseau inextricable de petits détroits dans le genre de ceux que l'on rencontre au sud-ouest, tandis qu'en prenant la route du Spitzberg, le chemin est direct, il suffit de naviguer dans la direction du nord jusqu'à ce que l'on trouve la terre. Une expédition comme celle de Sir J. Ross franchirait sans s'arrêter tout l'espace compris d'une part entre le Spitzberg et le détroit de Béering et de l'autre entre la Sibérie et la limite américaine du bassin arctique, à l'ouest. En traîneau on ne peut dépasser une certaine distance, mais je mets en fait qu'une expédition qui aurait à sa disposition des navires à vapeur, pourrait, avec les ressources qu'on juge indispensables pour se rendre au Pôle Nord, suffire à une double tâche et découvrir le Pôle Sud après avoit atteint le Pôle Nord.

Sans doute le monde scientifique et géographique verrait avec plaisir organiser une expédition dans un but exclusivement scientifique, mais il ne faut pas oublier que l'industrie baleinière est aussi fort intéressée au succès de l'entreprise; rappelez-vous que les pêches faites par les Américains dans le détroit de Béering leur ont rapporté dans l'espace de deux années la somme énorme de 8,000,000 de dollars (plus de 40 millions de francs.)

Tout en soumettant les faits et les considérations qui précèdent à l'examen attentif des géographes anglais, je fais des vœux sincères pour que l'expédition anglaise réussisse mieux que celles de Sir E. Parry, Kane, Hayes Wrangell et Anjou. Si on essayait simultanément d'arriver au but par deux routes différentes : par les glaces en traîneau, et par le Spitzberg avec un ou deux navires à hélice, je crois que la cause qui ferait échouer la première tentative — par exemple la rencontre de la mer libre — assurerait précisément le succès de l'autre, et *vice versâ.* En admettant que l'on établît des dépôts de charbon à Hammerfest au 70° nord, les navires remplaceraient le combustible brûlé depuis le départ d'Angleterre par de nouvelles provisions et commenceraient le voyage des mers polaires dans des conditions excellentes.

En choisissant la saison la plus favorable, un bon navire à hélice doit faire le trajet de la Tamise au Pôle, aller et retour (il pourrait même au besoin traverser le Pôle et pousser jusqu'au détroit de Béering et aux côtes de l'Amérique ou de la Sibérie), en 2 ou 3 mois pour une somme relativement insignifiante en comparaison de celles qu'ont coûté les expéditions qui ont déjà pénétré dans la baie de Baffin (1).

De toute manière, j'espère, Monsieur, que vous et les autres géographes anglais poursuivrez avec ardeur la réalisation du projet d'exploration de concert avec le gouvernement de la Reine, et quelle que soit d'ailleurs la route qu'on adoptera. Avec son expérience consommée, ses excellents marins, ses vaisseaux, le matériel et les ressources dont elle dispose, l'Angleterre a mieux que toute autre nation ce qu'il faut pour mener à bonne fin une pareille entreprise. Ai-je besoin de vous rappeler qu'il y a 25 ans lorsque deux grandes expéditions, l'une française et l'autre américaine, commandées par le capitaine d'Urville et le lieutenant Wilkes croisaient dans les mers antarctiques en même temps que Sir J. Ross, la marine anglaise se signala d'une manière toute spéciale par sa profonde connaissance des régions polaires et continua ses explorations pendant trois années consécutives, tandis que les autres escadres furent obligées presque aussitôt de battre en retraite après avoir inutilement tenté de parvenir jusqu'au Pôle Sud? Quand une nation comme l'Angleterre doit aux découvertes géographiques et scientifiques une partie de sa prospérité, n'est-il pas juste qu'elle rende à la scienee un peu de ce que celle-ci lui a donné?

(1) Une expédition comme celle dont nous parlons courrait moins de risques que les expéditions antarctiques ou arctiques qui ont déjà eu lieu, parce qu'elle aurait dans les ports du Spitzberg une base constante de communications avec l'Angleterre, qui pourrait de son côté organiser un service de transport partant chaque quinzaine à destination de ces points intermédiaires. Il suffirait du reste de quelques jours à un navire à hélice pour franchir la distance qui sépare le Pôle du Spitzberg.

Chaque fois qu'une grande idée surgit et entraîne le monde à sa suite dans la voie de la civilisation et du progrès scientifique, il faut s'attendre à ce qu'elle soit combattue par tous les esprits positifs qui n'aperçoivent pas au premier abord ce qu'elle peut leur rapporter de *pounds*, *shillings*, *pence*. La découverte de l'Amérique, les chemins de fer, les bateaux à vapeur, la colonisation et les mines de l'Australie ont eu leurs détracteurs, et cependant où en serions-nous si nous les avions écoutés ? Pour moi et mes concitoyens, bien qu'étrangers à l'Angleterre, nous savons l'admirer, nous connaissons sa puissance et, quand nous voyons vos compatriotes gravir les glaciers des Alpes, faire des ascensions scientifiques en ballons, lever le plan de Jérusalem, déterminer le niveau de la mer Morte (opération pour laquelle je vous félicite d'avoir voté une somme de 100 liv. sterl.), et sonder les profondeurs de l'Océan, nous applaudissons à leurs efforts en cela comme en tout le reste (1).

Cette lecture fut écoutée avec le plus vif intérêt, et elle eut déjà ce résultat de partager l'opinion des membres de la Société royale géographique entre le projet du capitaine Sherard Osborn et celui du docteur Augustus Petermann.

Ce dernier, voulant préciser davantage la question en ce qui concernait ses idées, adressa de Gotha à Sir Roderick I. Murchison une seconde lettre qui fut communiquée à la séance du 27 mars, et qui a éte ainsi rapportée dans les *Proceedings* :

Cette lettre complète une première communication de l'auteur sur le même sujet et produit des faits et

(1) Voir les *Proceedings*, tome IX, 1865, p. 90.

des arguments nouveaux, relatifs à certaines questions, que la première lettre n'avait fait qu'effleurer. Le docteur Petermann répète que la mer qui baigne le Spitzberg est beaucoup plus grande que la baie de Baffin et les autres mers arctiques explorées par les expéditions anglaises ; son étendue ne peut être comparée qu'à certaines parties du bassin antarctique. Pourquoi donc persister à soutenir, sans autre examen, qu'il est plus difficile d'aller du 82e degré 45′ latitude N., atteint par Parry, au Pôle Nord et d'en revenir, que de remonter la baie de Baffin à partir du cap Farewell jusqu'à l'île Discoe, ou de se rendre du détroit de Davis au détroit de Smith, et de Goodhaven au canal de Wellington? La distance qui sépare tous ces points les uns des autres n'est-elle pas de 900 milles? On sait bien d'ailleurs que les courants qui descendent dans la direction du Spitzberg ne charrient pas de banquises proprement dites : les blocs de glace qu'ils entraînent ne sont nullement aussi considérables que ceux de la mer de Baffin ou du détroit de Smith. On objecte qu'il existe entre le Spitzberg et la Nouvelle-Zemble une barrière de glaces qui ferme le passage aux vaisseaux les plus solidement construits ; mais c'est là une pure fiction, un préjugé, comme M. Petermann l'a déjà démontré. L'auteur désire attirer l'attention du public sur deux points principaux : 1° Même aux latitudes extrêmes, les masses de glace qui occupent de vastes espaces et forment, en s'accumulant, ce que l'on appelle des *drifts of ice* (glaces flottantes), des *packs* (bancs de glace permanents et prolongés), et des *bergs* (montagnes), ne couvrent jamais la mer, dont la plus grande partie reste ouverte à la navigation ; 2° Des glaces colossales comme celles qu'on rencontre dans la mer Antarctique ne sauraient arrêter longtemps la marche d'une expédition polaire dans une mer aussi étendue que celle qui entoure le Spitzberg. Les champs de glace sont sans cesse en mouvement; entraînés par les courants polaires, ils ne tardent pas à se disperser. Sir James Ross vit plusieurs bancs de glace changer entièrement de place dans l'espace de quelques semaines; ainsi, là où en janvier 1841, il lui avait fallu se frayer un chemin à travers un bloc de glace d'une étendue de 130 milles, il retrouva à son retour, au commencement de mars, la mer complétement libre. Le même phénomène se reproduisit un peu plus à l'est en 1842; au mois de février, le célèbre navigateur rencontra une énorme banquise de 500 milles de longueur dans un endroit où, quatre semaines plus tard, la mer offrait l'aspect d'une nappe d'eau calme et unie; presque toute la glace avait disparu. Il n'y a donc pas, à vrai dire, de mer tant soit peu importante, sans en excepter celle qui peut exister au Pôle, dont l'accès soit fermé irrévocablement par les glaces aux explorateurs. Une expédition qui partirait aujourd'hui pour ces lointains parages viendrait parfaitement à bout de franchir un obstacle de ce genre. Si l'on voulait se rendre au Pôle par la voie du Spitzberg, il faudrait appareiller le 1er mars, avant l'arrivée dans les mers du Spitzberg des banquises venant des côtes de la Sibérie, et, pour peu que les circonstances fussent favorables, il serait facile, en 3 ou quatre semaines, de faire le trajet d'un seul trait et d'atteindre le Pôle au lever du soleil ou au commencement de l'été pôlaire. Il suffirait de six mois de l'été pour explorer toute la limite occidentale du bassin arctique, du coté de l'Amérique, c'est-à-dire l'espace compris entre le point le plus méridional du Groenland oriental et le détroit de Béering. Quant à la limite asiatique de ce même bassin, elle a déjà été reconnue par les Russes. En septembre ou en octobre, un des vaisseaux reviendrait en Europe pour apporter des nouvelles de l'expédition, tandis que l'autre hivernerait aussi près que possible du Pôle pour faire les observations scientifiques qui doivent être la clef de voûte de tout le système météorologique de l'hémisphère boréal, puis il effectuerait son retour au printemps. Le havre du Spitzberg, situé au 80°, deviendrait pour l'expédition le siége de communications constantes avec l'Angleterre qui pourrait organiser un service de transports partant de la Tamise, de quinzaine en quinzaine, à destination de ce port intermédiaire (1).

Discussion sur le choix de la meilleure route à suivre pour atteindre le Pôle Nord. — A la suite de cette communication Sir Roderick I. Murchison annonça que l'objet de la séance était de procéder à une pleine et entière discussion sur le choix de la meilleure route à suivre pour atteindre le Pôle Nord, et il résuma avec une impartiale clarté les projets du capitaine Sherard Osborn, puis celui du docteur Augustus Petermann. La Société, disait-il, devait se féliciter de compter encore dans son sein tant d'explorateurs arctiques distingués ; il était certain que tous concourraient ardemment, avec l'aide des autres savants, à obtenir du gouvernement britannique une expédition si profitable aux intérêts de la science, et si précieuse pour maintenir la suprématie maritime de l'Angleterre.

(1) *Proceedings*, vol. IX, 1865, p. 114.

M. Gustave Lambert a ainsi résumé, dans son exposé fait à la séance générale de la Société de géographie de Paris, la discussion qui s'engagea dans cette mémorable séance du 27 mars 1865 et dans celle du 10 avril 1865 (1) :

L'amiral Sir *Georges Back* discute les observations du docteur Petermann, montre les dangers de sa route, et penche pour le remarquable plan de Sherard Osborn.

L'amiral Sir *Edward Belcher* fait ressortir combien il est difficile déjà d'atteindre le détroit de Smith ; il insiste sur les entraves qui s'opposent à la marche en traîneau ; il opine pour la voie du Spitzberg.

L'amiral *Collinson* expose les réflexions qui lui sont suggérées par son expérience personnelle. Il conclut en disant que tous, dans la Société, ils sont vivement désireux de voir s'effectuer l'entreprise, pour rehausser encore leur honneur national, et que le projet du capitaine Sherard Osborn est le plus propre à conduire au succès.

L'amiral *Ommaney* partage entièrement l'opinion du docteur Petermann ; il motive cette appréciation, et termine en disant qu'après tout ce que les Anglais ont fait dans les régions polaires, ils ne doivent pas admettre que d'autres puissent les devancer dans cette grande découverte du Pôle Nord.

(1) Voir l'*Expédition au Pôle Nord*, par M. Gustave Lambert, communication faite à la Société de Géographie dans la seconde séance générale annuelle du 20 décembre 1867. Nous sommes dans l'obligation de résumer la discussion, qui s'engagea à la suite de l'exposition des deux projets anglais et allemand, quelque intéressante qu'elle soit, car elle remplirait un volume entier, nous renvoyons pour plus de détails aux *Proceedings*, où l'on trouve les procès-verbaux des séances.

L'amiral *Fitzroy* dit que ce sujet l'intéresse vivement, quoiqu'il n'ait jamais navigué dans les mers arctiques ; il reprend la question dans son ensemble et l'examine. Le président l'interrompt et lui dit : « Amiral, je suis un homme pratique, je ne saisis pas bien « ce que vous voulez ; j'attache une haute importance « à l'opinion d'un homme de votre valeur. Pour quelle « route êtes-vous?—Soit, répond *Fitzroy*, pour le Spitzberg en premier lieu. »

Le capitaine Maury opine pour le détroit de Smith ; s'il n'eût pas étudié personnellement le sujet, il eût probablement toujours partagé l'avis du dernier opinant, tant bonnes sont les raisons de part et d'autre. Il serait très-heureux de voir deux expéditions tentées dans les deux directions alternativement préconisées.

Le capitaine *Richards* a écouté avec une vive satisfaction tout ce qui a été dit ; il espérait entendre quelques comparaisons bien fondées entre les deux routes, et il a été désappointé. En somme, le capitaine Osborn et le docteur Petermann défendent la même cause ; l'un veut aller en traîneau, l'autre en navire. Si les géographes sont satisfaits de ce que peut rapporter un voyage en traîneau, c'est bien ; mais s'ils estiment que c'est trop peu, il faut aller en navire. Dans ce cas, il est plus que probable qu'on n'arrivera jamais par le détroit de Smith, et que les mers du Spitzberg sont la seule route. On peut franchir la barrière de glaces ainsi que Ross l'a fait au sud. Il serait très-chagrin qu'on pût se méprendre sur sa désapprobation ; nul plus que lui ne fait cas des talents de Osborn ; mais pour une entreprise qui doit ajouter un nouveau lustre à l'éclat de la renommée anglaise, il suppose que Sherard Osborn sera le premier à applaudir si l'on arrive au but par une route autre que la sienne. Quant à lui, si on lui donnait un navire, il passerait par le Spitzberg avec décision. Il n'a jamais rien vu de plus clair, de plus logique, de plus convainquant que les communications du docteur Petermann (1).

A la séance du 10 avril, il est donné lecture d'un mémoire de M. *W. E. Hickson*, sur la climatologie du Pôle Nord et des parages circompolaires. Le procès-verbal analyse ce mémoire, destiné à être inséré *in extenso* dans le recueil de la Société (2) ; il est terminé par un chaleureux appel au gouvernement dans le but de briser tous les obstacles, insignifiants d'ailleurs pour les canonnières de la marine royale, qui séparent du Pôle Nord.

M. *C. Markham*, secrétaire de la Société, lit un long mémoire sur le meilleure route des explorations polaires boréales.

La voie des mers avoisinant le Spitzberg est défendue par le général Sabine, l'amiral Edward Belcher, l'amiral Ommaney, le capitaine Richards. Le Gulf-Stream, il est vrai, roule ses eaux entre le Spitzberg et la Nouvelle-Zemble ; mais il ne suffit pas à briser, même dans l'été, l'énorme barrière des glaces; il ne peut donc pas assurer l'existence d'un océan navigable autour du Pôle.

Après avoir développé toutes les raisons opposées à cette route, M. Markham expose les raisons en faveur de la voie du détroit de Smith, voie défendue par l'amiral Wrangell, Sir Georges Back, l'amiral Collinson, Sir Léopold Mac-Clintock, le capitaine Sherard Osborn, le capitaine Vesey Hamilton et par lui-même.

(1) *Proceedings*, tome IX, 1865, page 116.
(2) Voir ce mémoire au tome XXXV du *Journal* de la Société.

C'est la vraie porte pour la découverte polaire ; les voyages sont faciles maintenant, attrayants même, donnant l'occasion de chasses intéressantes qui servent de distraction. Des dépôts de vivres, disposés convenablement, garantissent la sécurité ; en plus, la mesure d'un arc de méridien, ce grand *desiderata* de la science, se trouve facilité et assuré.

Par le Spitzberg, les bâtiments seront saisis dans les glaces, broyés et perdus ; par cette voie, on a la dure chance de ne faire que très-peu, et l'on est certain par le détroit de Smith de faire beaucoup.

Pour juger les inconvénients et les avantages des glaces de terre et des glaces de mer, voici le propos d'un marin : « Quand vous êtes saisis par la glace de « terre, vous êtes là ! quand vous êtes saisis par la glace « de mer, où êtes-vous ? »

Si la solution du grand problème géographique qui nous reste à résoudre ne suffisait pas à enlever l'opinion publique, le caractère du peuple anglais serait bien changé. Le gouvernement prendra certainement en considération ce grand projet, et quoi qu'il arrive, les membres de la Société royale géographique auront la satisfaction d'avoir fait de leur mieux pour realiser une grande œuvre nationale qui sera achevée par la génération suivante si elle ne l'est pas par la génération actuelle.

Le président Sir Roderick I, Murchison prend la parole.

Il dit que, pour la quatrième fois, durant cette session, l'attention du conseil et des membres de la Société a été appelée sur cette expédition au Pôle Nord. Il résume le débat en insistant sur toute la série des points à mettre en lumière ; il termine par les paroles suivantes :

Messieurs, vous n'êtes pas appelés ici pour exprimer votre opinion personnelle sur l'une ou l'autre des deux routes proposées ; c'est pour que le Comité de votre Société, aidé par les avis des comités des autres Sociétés savantes, soumette la question à l'Amirauté et au gouvernement de Sa Majesté, afin d'assurer l'accomplissement d'une grande recherche géographique, par telle route et par tels moyens qui paraîtront les plus efficaces (1).

Le président donne lecture d'une lettre de lady Franklin.

Le capitaine Inglefield prend la parole pour soutenir la voie du Spitzberg ; la barrière de glaces n'arrêtera pas plus les navigateurs qu'elle n'a arrêté Ross dans le sud ; le crainte des glaces n'est plus maintenant qu'un épouvantail puéril ; le voyage sera court par cette direction ; on sera peut-être obligé d'hiverner deux ou trois fois et d'abandonner le navire si l'on passe par le détroit de Smith. L'opinion du regrettable et si distingué hydrographe, Sir Francis Beaufort, qui a tant contribué, de ses avis et de sa bourse, à la recherche de Franklin, était formelle sur ce point, et l'opinion d'un tel homme doit être d'un grand poids aux yeux de la Société.

Le commandant S. E. Davis développe longuement un avis opposé ; il s'étonne que le docteur Petermann ait voulu comparer les régions australes aux régions boréales, et en tirer des arguments en sa faveur. Il confesse candidement que Maury n'a pas réussi à le convaincre de l'existence d'une mer arctique ouverte ; il opine pour le détroit de Smith, en déclarant que

(1) Cette phrase est en italique dans le texte des *Proceedings* ou procès-verbaux des séances.

si le chancelier de l'Échiquier consent à faire une légère épargne sur les cuirasses métalliques des bâtiments ou sur les parements des fortifications, le voyage au Pôle Nord peut être considéré comme un fait accompli.

L'amiral Fitzroy et le président échangent quelques paroles de congratulation au sujet du grand hydrographe américain présent à la séance.

Le capitaine Allen Young dit qu'il croit les deux routes toutes deux bonnes, praticables, et devant conduire au succès. Malgré cela, en sa qualité de marin, sa préférence serait pour la voie du Spitzberg.

M. Lamont a passé deux été au Spitzberg pour son plaisir et pour chasser. Suivant lui et l'opinion des hommes pratiques avec lesquels il en a conféré, Parry eût réussi en traîneau s'il fût parti en hiver; il parle de l'abondance de la vie animale, et dit quelques mots sur les courants.

Le président lui demande s'il a vu d'autre glace que de la glace de mer. Il insiste à plusieurs reprises sur cette question : *Ces glaces portaient-elles les traces de débris terrestres?*

M. Lamont répond que non, et qu'il a vu très-peu d'*ice-bergs* ou glaces de terre.

M. Hickson montre les fortes présomptions qui permettent de croire à l'accès du Pôle. Les deux routes ne doivent pas être mises en opposition l'une à l'autre. Wrangell, en 1844, écrivait au général Sabine en faveur de la voie du Spitzberg; et, plus tard, tout en restant logique, il préconisait la route du détroit de Smith; cela dépend de l'époque de l'année où l'on doit voyager.

Le secrétaire, M. Markham, donne lecture de la

réponse de la Société Linnéenne à l'invitation de la Société de géographie, pour coopérer à une adresse au gouvernement en faveur d'une expédition au Pôle Nord.

La Société Linnéenne a appris avec la plus grande satisfaction le projet d'exploration ; elle n'hésite pas à s'associer activement, pour une entreprise digne de tout le prestige de la marine anglaise, à toutes démarches auprès du gouvernement.

1° Le danger est beaucoup moindre qu'on ne le croit communément.

2° On ne peut que favoriser chaudement des expéditions qui produisent le meilleur effet sur le service naval. Une preuve de l'estime qui s'attache à ces recherches a été donnée par l'Institut de France, qui a récemment élu membre honoraire un explorateur anglais.

3° La Société Linnéenne ne se prononce pas sur le choix de la meilleure route ; les résultats scientifiques seront différents pour chacune d'elles, mais toujours importants.

4° Au point de vue de la zoologie et de la phytologie, l'expédition aura une haute importance dont suit le développement.

La séance est levée.

Le procès-verbal de cette séance contient encore une longue et importante note de M. Markham, sur le régime des glaces dans la baie de Baffin, et un aperçu critique sur les prétendus voyages, à des latitudes très-voisines du Pôle, effectués dans le dernier siècle et dans les siècles précédents (1).

(1) Voir les *Proceedings*, tome IX, 1865, p. 138.

Destinée des deux projets anglais et allemand au 1er janvier 1868. — La discussion qui s'éleva en Angleterre à propos des deux projets anglais et allemand eut ce résultat de diviser les opinions. Les amiraux Back, Mac Clintock et Collinson persistèrent à soutenir le plan du capitaine Sherard Osborn, c'est-à-dire l'exploration par la voie du Smith Sound; le projet du docteur Aug. Petermann, l'exploration par la voie du Spitzberg et de la Nouvelle-Zemble fut appuyé par les amiraux Belcher et Ommaney, par le général Sabine et le capitaine Inglefield. Le capitaine Maury, des États-Unis, dont la décision avait tant d'importance, déclara que l'un autant que l'autre lui présentait des chances de réussite et qu'il n'avait pas de raison pour exclure l'un au profit de l'autre.

Il est présumable que sans l'opposition scientifique du docteur A. Petermann et la divergence d'opinion, qui en résulte, le projet du capitaine Sherard Osborn eût été réalisé.

Quoi qu'il en soit, malgré l'appui de la Société royale géographique de Londres, malgré les avis favorables de la Société Royale, des Sociétés de Géologie, d'Ethnologie, Linnéenne, l'Amirauté britannique se refusa à entreprendre l'exploration polaire. D'ailleurs les événements politiques dont l'Europe fut le théâtre en 1866 vinrent captiver toute l'attention du gouvernement anglais. Nous ne pensons pas cependant que le dernier mot ait été prononcé; nous ne voulons pas croire que le pays qui a doté la science des Ross, des Parry, des Franklin, des Mac Clure et de toute une pléiade d'officiers de marine distingués ayant fait leurs preuves dans les mers arctiques et familiers avec leurs dangers, abandonne définitivement la pensée d'une reconnaissance scientifique du Pôle Nord, et nous espérons que l'Angleterre reprendra, à son temps, à son heure, cette importante question scientifique.

En Allemagne, le docteur Aug. Petermann eut à peine exposé son plan, ses projets, qu'il se vit chaudement appuyé par les adhésions des savants et des associations scientifiques. Une souscription publique fut provoquée au congrès scientifique de Francfort, le 23 juillet 1865, et les fonds nécessaires pour l'équipement d'un navire à vapeur furent promptement réunis. Ce navire mit à la voile à Hambourg, le 31 août ; mais malheureusement il reçut plusieurs avaries dans les passes de l'Elbe sans qu'on eût assez de fonds pour obvier à cet accident. Il fallait attendre que la souscription les fournît, la guerre d'Allemagne éclata et naturellement les événements et les préoccupations publiques firent mettre de coté le projet d'exploration polaire.

Cependant le docteur Aug. Petermann ne se découragea pas ; plus tard, il adressa une lettre éloquente aux ministres de Prusse, pour leur rappeler son projet, il insistait en représentant que l'Allemagne étant devenue une grande nation, il lui appartenait de tenter de grandes expéditions scientifiques. Il lui fut répondu que tous les fonds disponibles étaient absorbés par d'autres nécessités. Avec l'opiniâtreté de la conviction, il renouvela sa demande au Parlement allemand, et une nouvelle réponse négative fut le résultat de cette démarche. Il s'adressa alors à l'opinion publique et à l'initiative personnelle des citoyens allemands. Cette fois il fut plus heureux et tout récemment nous apprenions qu'un armateur de Brême, M. Rosenthal, venait de mettre à sa disposition le navire *Albert* pour l'expédition polaire par la voie des mers du Spitzberg et de la Nouvelle-Zemble(1).

Ajoutons, à l'honneur du docteur Aug. Petermann, qu'au moment où il apprenait qu'une souscription était ouverte à la Société de géographie de Paris pour l'exécution du projet français, celui de M. Gustave Lambert, il se hâtait d'écrire au Secrétaire général la lettre que nous avons reproduite au cahier d'octobre 1867 de nos *Annales des Voyages* et de se faire inscrire au nombre des souscripteurs.

Les vœux qu'il forme pour l'expédition de notre compatriote, nous les ferons également pour la sienne; c'est sur le noble terrain de la science, sur le terrain des choses profitables à tous, que nous voudrions voir lutter les deux nations que le Rhin sépare, mais que les nobles aspirations de l'intelligence unissent.

IV.

IV. *Projet français, par M. Gustave Lambert.*

Tandis que la grande question d'une expédition scientifique au Pôle Nord, soulevée par le capitaine Sherard Osborn, discutée par Aug. Petermann, était

(1) Pour plus de détails en ce qui concerne le projet d'Augustus Petermann, on peut consulter les cahiers suivants des *Mittheilungen* : 1865, cahiers : III, IV, XI, XII; — 1866, cahiers : I, IV, X; — 1867, cahiers : III, V. — On tirera profit également, en ce qui concerne l'état et la nature des regions arctiques, de la lecture des ouvrages suivants : 1° cahier supplémentaire (*Ergänzungsheft*). n° 16. — *Le Spitzberg* et *la Région Centrale Arctique*, par *Aug. Petermann.* — 2° *Esquisse physique des îles Spitzbergen et du Pôle Arctique*, par M. *Ch. Grad* (Paris, Challamel) — 3° Cahier supplémentaire des *Mittheilungen*, n° 21. *La Nouvelle-Zemble sous ses aspects physique, naturel*, etc., etc., par *J. Spörer.* — 4° Voir enfin l'intéressant travail de M. Ferdinand de Lanoye, rédacteur du *Tour du Monde*, ayant pour titre : *la Mer Polaire*, et, quant à la formation des glaciers, l'ouvrage de M. William Hüber : *les Glaciers*; Paris, Challamel.

l'objet de l'attention des marins et du monde savant, un hydrographe français, M. Gustave Lambert, étudiait au mois de juillet 1865 précisément dans les mers polaires mêmes, au delà du détroit de Béering, et sans avoir connaissance que cette question fût agitée en Europe, la possibilité d'atteindre le Pôle Nord par la voie du détroit de Béering.

Ce hardi projet naissait de l'examen de deux faits principaux :

1° De la puissance de l'insolation au Pôle pendant les mois de juin, de juillet et d'août ; phénomène annuel duquel il résulte que pendant cette période le soleil verse en moyenne au Pôle la même quantité de chaleur qu'au 66° degré de latitude, ce qui permet de dire, tout en tenant compte des lois de la perdition du calorique à cette latitude extrême, que la mer polaire n'est pas constamment couverte d'une tunique de glace, et qu'il peut être possible, pendant la saison favorable de pénétrer dans cette mer dans la direction du Pôle, avec un navire.

2° Les glaces que rencontra M. Gustave Lambert, au nord de la Sibérie, n'étaient pas de la nature des *ice-bergs*, de ces montagnes de glaces, trois et quatre fois hautes comme la mâture d'un navire, glaces, qui ayant pris naissance à terre et près des côtes, sur un glacier, grandissent, s'accroissent d'hiver en hiver jusqu'à ce qu'elles soient lancées à la mer, comme un navire, par leur propre poids ou par une débâcle générale. C'étaient des champs de glace, des *ice-fields*, ou des glaces agglomérées, de peu d'épaisseur, des *packed-ice*, peu élevés au-dessus de l'eau, que la débâcle estivale brise en mille fragments, et au travers desquels un navire doit pouvoir se frayer un passage jusqu'à cette *Polynia*, ou mer polaire libre, signalée d'abord depuis longtemps par les baleiniers hollandais et vue par Hedemntroem, Wrangell et Anjou.

Rentré en France, M. Gustave Lambert armé de toutes pièces, de considérations à la fois théoriques et pratiques, ne vit qu'un nouveau motif d'émulation lorsqu'il apprit que le capitaine Sherard Osborn et le docteur Augustus Petermann avaient également éveillé l'attention du monde savant et du public sur l'opportunité d'une exploration polaire ; et à sa vive satisfaction, il ne vit dans la discussion qui s'était engagée à la société géographique de Londres à ce sujet qu'une confirmation de ses propres théories et de ses applications pratiques. M. Gustave Lambert tira encore de l'examen approfondi des expéditions arctiques envoyées à la recherche de Franklin de nouvelles et précieuses inductions toutes en faveur de son projet.

Le 19 octobre 1866 M. Gustave Lambert exposait, pour la première fois, devant la Commission centrale de la Société de géographie, les considérations qui le portaient à croire à la possibilité d'atteindre le Pôle Nord. Son exposé clair et précis, fait d'ailleurs avec l'accent de la conviction basée à la fois sur des observations scientifiques et pratiques lui valurent l'approbation et l'encouragement de ses confrères, et le président, M. d'Avezac, membre de l'Institut, l'engagea à rédiger une note sur cet important sujet pour la prochaine séance générale. A cette séance qui eut lieu le 14 décembre 1866, M. Gustave Lambert exposa, pour la première fois, en public ses idées sur une expédition exploratrice au Pôle Nord, en insistant plus particulièrement sur l'existence d'une mer libre au nord-ouest du détroit de Béering, dans le voisinage du Pôle, et sur la possibilité de l'atteindre en écartant, dans la saison favorable, les glaces brisées de la banquise qui pouvait en défendre l'accès ; l'insolation à l'époque de l'été arctique, les courants marins eux-mêmes devaient venir en aide au marin qui saurait allier la prudence à la hardiesse. Il n'était pas d'ailleurs besoin de rappeler l'immense intérêt scientifique qu'éveillait l'exécution d'un pareil projet qui, au point de vue pratique et industriel, pouvait aussi avoir pour résultat immédiat de livrer aux baleiniers de nouveaux champs d'exploitation (1).

Quelques jours après M. Jules Duval, vice-président de la Commission centrale de la Société de géographie offrait gracieusement à M. Gustave Lambert la publicité de son journal : l'*Économiste français*, et celui-ci y insérait quatre lettres dans lesquelles il présentait le résumé complet de l'ensemble de ses idées sur l'accessibilité du Pôle Nord. Dans les deux premières, il exposait la question scientifique : l'insolation, les courants, les glaces, et il examinait les projets de ses émules Sherard Osborn et Aug. Petermann, insistant plus particulièrement sur les motifs qui lui avaient fait préférer la voie du détroit de Béering ; dans les deux autres il étudiait la question de réalisation pratique et les moyens d'exécution, telle fut la première communication du projet d'exploration au Pôle Nord faite au public par la voie de la presse (2).

(1) Voir le *Bulletin de la Société de Géographie* de février 1867, page 187.

(2) La Question du Pôle Nord, lettres dressées à M. Jules Duval, vice-président de la Société de géographie, directeur de l'*Économiste français*, par M. *Gustave Lambert*, ancien élève de l'École Polytechnique, attaché au Dépôt des cartes et plans de la marine. 1 broch. in-8° de 48 pag.

Stimulé par l'approbation des hommes les plus compétents dans les sciences géographiques et naturelles, résolu d'ailleurs à ne demander qu'à l'initiative du public français, par voie de souscription, ses moyens d'exécution, M. Gustave Lambert adressait à la date du jeudi 4 juillet 1867, au président de la Commission centrale de la Société de Géographie, qui était alors M. de Quatrefages, membre de l'Institut, une lettre dans laquelle il annonçait « l'heureux point de départ acquis à la question du Pôle Nord, » la formation d'un Comité de patronage comptant dans son sein les hommes les plus éminents dans les spécialités diverses et particulièrement des hommes de science dont plusieurs (1) se rattachaient au premier de nos corps académiques, à l'Institut. D'un commun accord et par acclamation la Commission centrale de la Société de Géographie décida qu'elle s'inscrirait en tête du Comité de patronage.

En même temps que M. Gustave Lambert intéressait à sa cause les associations savantes, il obtenait une audience de l'Empereur qui l'accueillit avec une bienveillance attentive et un intérêt marqué. Et plus tard, lorsque le marquis de Chasseloup-Laubat, sénateur, ancien ministre de la marine, président de la Société de Géographie, accompagné de M. de Quatrefages vinrent rappeler la grande question du Pôle Nord au Chef de l'État, en lui présentant la liste des membres du Comité, l'accueil fut également favorable et accompagné de promesses qui furent, à quelques jours de là, suivies d'un brillant résultat: l'Empereur s'inscrivait en

(1) Voir le *Bulletin de la Société de Géographie* de juillet 1867, p. 109 et 117. Nous avons donné la liste de ce Comité de patronage et l'appel au public au cahier des *Annales* du mois d'août 1867, p. 266.

tête de la liste des souscripteurs pour une somme de 50,000 fr. (1).

M. Gustave Lambert devait recevoir un autre encouragement bien précieux pour lui, celui du docteur Augustus Petermann, de Gotha, qui, se plaçant honorablement au point de vue élevé de la science, ne craignait pas, lui, le promoteur, en Allemagne, d'un projet rival, de venir s'inscrire un des premiers sur les listes françaises. « En ma qualité d'Allemand, disait-il dans sa lettre à M. Maunoir, secrétaire du Comité de patronage, j'aurais été heureux que l'Allemagne, qui s'est vouée à l'étude des sciences géographiques avec une prédilection toute particulière, et qui prend aussi à cette entreprise (du Pôle Nord) un intérêt des plus vifs, eût contribué pour quelque chose à la solution de ce grand problème; mais je me réjouis néanmoins sincèrement, comme serviteur impartial de la science géographique, de voir qu'enfin un peuple, peu importe lequel, fait d'énergiques efforts pour arriver à cette solution si intéressante pour l'humanité, et que c'est du moins une nation européenne qui se charge de cette glorieuse tâche (2). »

Encouragé par ces heureux débuts, et par la sanction du monde savant, de la presse et du public, M. Gustave Lambert a fait à la séance générale de la Société de Géographie tenue, le 20 décembre dernier, dans la salle de la Société impériale d'Agriculture, en présence de plus de huit cents personnes, l'exposé détaillé de son projet

(1) Voir au *Bulletin de la Société de Géographie* d'août 1867, p. 201, la lettre de M. Piétri, secrétaire particulier de l'Empereur.

(2) Voir au *Bulletin de la Société de Géographie* de septembre 1867, page 315. Nous avons reproduit cette lettre au cahier des *Annales* d'octobre, p. 117.

qui consiste, en rapide analyse, à pénétrer dans la mer polaire Arctique par le détroit de Béering, tourner vers l'ouest, dépasser le cap Nord de Cook (Cap Nord Asiatique), briser ou couper la faible barrière de glaces qui séparera son navire de la Polynia et gagner le Pôle.

Dans son exposé, M. Gustave Lambert jette un rapide coup d'œil sur ***les Pôles, la géodésie, la météorologie, les lois de l'insolation, le magnétime terrestre, les glaces, les courants, les marées;*** il fait ressortir ce qui intéresse ***les sciences naturelles*** au Pôle Arctique; il aborde les ***moyens d'exécution*** et expose enfin ***le but propre de l'expédition.*** Nous avons, dans les pages précédentes, donné la parole d'abord au capitaine Sherard Osborn, ensuite au docteur Aug. Petermann; nous laissons de même à M. Gustave Lambert le soin d'exposer ses idées devant nos lecteurs (1).

Que va-t-on faire au Pôle Nord? Quelle est l'utilité ou l'importance d'une pareille exploration?

En essayant de répondre à ces questions, en procédant à l'examen méthodique et sommaire de tout ce que la science doit recueillir d'enseignements dans ces lieux encore ignorés, il me faut vaincre ou tourner les difficultés et les écueils d'une revue scientifique rapide et trop superficielle.

Je n'écris pas ici pour les savants dont la conviction est faite et favorable. Peut-être que les hommes du monde auxquels je dois m'adresser trouveront cette lecture parfois un peu épineuse malgré le soin que j'ai

(1) Nous avons élagué de l'exposé de M. G. Lambert quelques digressions scientifiques qui n'étaient pas indispensables au sujet principal, nous renvoyons ceux de nos lecteurs qui désireraient connaître l'exposé complet, au *Bulletin de la Société de Géographie* de décembre 1867.

pris d'éviter les expressions techniques, autant que cela m'a été possible.

A eux, et à tous, je demande beaucoup d'indulgence.

Le Pôle Arctique. — Ce serait sortir de mon sujet que de vous décrire le spectacle que doivent présenter les cieux pour un observateur situé au Pôle. Vous savez que les étoiles ne se lèvent ni ne se couchent, et qu'elles décrivent au-dessus de l'horizon des cercles qui lui sont parallèles, que le soleil reste six mois au-dessus de l'horizon et six mois au-dessous, que la lune est en vue durant quinze jours par mois et invisible pendant quinze autres jours, puis que les planètes apparaissent suivant leurs déclinaisons, ou distances à l'équateur, quand ces déclinaisons deviennent boréales.

Si le Pôle Nord, au sein de la mer qui l'entoure, se trouve situé sur un îlot, on pourra vérifier sa situation précise en observant la hauteur d'une étoile dans tous les azimuths. Si cette hauteur reste constante, on est au Pôle ; si elle varie légèrement, un calcul de parallaxe renversé permettra de rectifier l'erreur. Après quelques tâtonnements, on pourra planter en terre une tige en fer, portant pavillon de France dans le prolongement même de l'axe terrestre.

La hauteur du soleil, celle de la lune, en tenant compte du mouvement précis de la déclinaison inscrite dans la *Connaissance des temps*, permettra aussi de vérifier la situation.

On observera sur un horizon à glace, ou bien sur du mercure ou sur l'huile dans la saison favorable. En hiver, l'un se congèle, l'autre se fige ; en supposant même que l'on manque d'horizon à glace, on peut lever facilement cet obstacle de la congélation ou de la coagulation, obstacle dû au froid.

Avec quelle précision peut-on espérer de marquer le point précis du 90° de latitude?

En dehors des grands instruments d'observatoire, instruments considérables, coûteux, et établis à demeure, il ne paraît guère possible de dépasser la précision de 10 secondes dans la mesure des angles, et encore la lecture des *verniers* qui permettent cette précision laisse-t-elle souvent indécis sur le choix entre deux ou trois divisions voisines. Or la *seconde* représente environ 300 mètres. En conséquence, si l'on arrive *à terre* dans les meilleures circonstances, à placer le Pôle à 300 ou 500 mètres de sa position réelle, on aura bien opéré. Et l'on voit que pour déterminer une situation à 3 mètres près, il faut pouvoir déterminer les angles à *un dixième* de seconde!

Si, comme cela est plus probable, le Pôle est en pleine eau, on pourra bien l'hiver, sur la glace fixée et solide comme la terre, marquer le point mathématique avec une égale précision. Mais tant que durera la saison favorable, c'est-à-dire tout l'été, et surtout l'automne, les observations seront essentiellement maritimes, et l'on aura très-bien opéré si l'on réussit à se placer à 1 ou 2 kilomètres du véritable point cherché.

Au point de vue de l'*heure* et de la mesure du temps, quoique, à proprement parler, il n'y ait plus de longitude au Pôle, le problème devient facile à résoudre à l'aide d'une table astronomique calculée pour un lieu déterminé. Ainsi, l'observation de la hauteur de la lune, après quelques corrections, permettra de calculer l'heure de Paris, avec la déclinaison de la *Connaissance des temps;* la mesure de la distance lunaire à une grande étoile boréale sera de beaucoup préférable. On aura remarquablement observé, si l'on obtient l'heure de Paris, à *une* minute près, avec des instruments portatifs. Si donc on oubliait un jour de remonter ses chronomètres, ce qui ne doit jamais arriver à un navigateur, on trouverait facilement, à un moment donné, leur *état absolu*.

Au Pôle, toute ligne verticale, fil à plomb, devient un *gnomon équatorial* dont la marche des ombres solaires ou lunaires trace la route des temps. De même, le *théodolithe* bien installé servira d'*équatorial*.

Ce qu'il importe de pouvoir observer avec précision, c'est la *marche diurne* des chronomètres ; cette grandeur s'obtiendra tous les jours où le ciel sera visible, en observant le retour des diverses étoiles à travers une mire fixe placée n'importe comment; et cette quantité, la seule essentielle, pourra se mesurer avec autant de précision que dans un observatoire. Cela est d'une importance capitale pour la confrontation des observations pendulaires ; on se servira alors du jour sidéral et non du jour moyen.

Géodésie. — En ce qui concerne la géodésie, ou science des formes de la Terre, vous savez combien sont importantes les observations polaires et comment même il est impossible d'y suppléer complétement. Le chiffre exact qui spécifie en particulier l'aplatissement du sphéroïde terrestre joue un rôle scientifique considérable et parfaitement apprécié de vous tous.

C'est ainsi qu'à la fin du siècle dernier, des missions scientifiques furent envoyées en Laponie, au Pérou, au cap de Bonne-Espérance, dans le but de mesurer des arcs de méridien, pendant qu'on allait étudier en France l'arc qui sépare Dunkerque de Barcelone. L'achèvement de ce dernier travail nous reporte même jusqu'aux premiers débuts scientifiques de notre illustre Arago. Cette grande entreprise, qui a servi de base à l'établissement de nos nouvelles mesures, restera comme un glorieux souvenir pour notre Académie des sciences qui en prit l'initiative, et pour le gouvernement d'alors, qui ne craignit pas de sacrifier des sommes importantes à une recherche purement scientifique.

Un degré de méridien, mesuré en *angle*, par l'écart entre les deux latitudes extrêmes, et en *arc*, par une mensuration directe effectuée sur une *base* que l'on relie à l'arc méridien par un réseau de *triangles*, devrait avoir la même longueur à toutes les latitudes si le méridien était circonférenciel. — On a pu conclure des séries de nombres observés et calculés par des procédés qui nécessitent toutes les ressources de la haute analyse, que les méridiens étaient elliptiques, ayant l'axe de rotation pour petit axe, et l'aplatissement devant être de 1/300 environ du rayon terrestre.

La valeur de cet aplatissement a une importance capitale, vous le savez, pour un très-grand nombre de problèmes astronomiques et physiques.

En ce qui concerne spécialement la cartographie, ou étude mathématique des cartes et par conséquent annexe de la géographie, on arrive encore à déterminer la courbure des méridiens par d'autres procédés, entre autres au moyen du pendule.

En faisant osciller la même pendule pendant vingt minutes, je suppose, et successivement à l'équateur d'abord, puis vers 30° de latitude, puis vers 45°, puis vers 60°, puis enfin au Pôle, on trouvera par exemple, pour le nombre des oscillations, en supposant invariable la longueur du pendule, les nombres successifs

1,000, 1,100, 1,200, 1,300, 1,400, qui ne sont qu'une image. Une relation mathématique montre que la croissance graduelle de ces nombres correspond à une croissance corrélative dans la gravitation, force qui est elle-même la différence entre l'attraction terrestre et la force centrifuge.

Par certains procédés de calculs, on peut conclure de ces chiffres la distance au centre de la Terre de chacun des points d'observation.

Ainsi donc le pendule, en dehors de tous ses autres précieux usages, pourrait, dans l'idéal de la rigueur mathématique, servir à mesurer la hauteur d'un édifice.

Je me borne à cette indication succincte pour arriver à l'insolation, branche fondamentale de cette science météorologique qui a pour sujet d'études, en dehors de son étymologie propre, l'ensemble des phénomènes qui s'accomplissent dans l'atmosphère.

Cette science de la *météorologie*, encore en ébauche, qui se crée sous nos yeux, dont l'importance pratique est exceptionnelle, forme un champ vaste, encore neuf, tout moderne, où le nombre immense des causes troublantes jette une telle incohérence apparente dans les résultats, que l'on a cru pouvoir nier à tout jamais la possibilité de déterminer les lois qui président aux mouvements généraux de l'atmosphère ainsi qu'aux phénomènes secondaires qui s'y rattachent. Il semble que comme au temps des fables élégantes de la Grèce et de Rome, le caprice règne en maître souverain dans cette couche atmosphérique qui sert de duvet à la Terre et que Borée, Notus, Eurus ou Aquilo peuvent aujourd'hui encore céder aux prières ou enfreindre les ordres d'Ulysse.

Et cependant, au sein des lois immuables qui président à l'évolution de la chose inorganique, le caprice n'est plus qu'un vain mot à rayer du langage scientifique; il n'y a de caprice que parmi les hommes. Même quand nous ignorons ces lois éternelles, sereines, inflexibles, elles ne nous apportent pas moins à chaque heure le témoignage régulier de leur influence; et les orbites décrits dans les cieux par les grands corps planétaires préexistaient dans le temps, avant l'époque où le génie d'un Képler a su nous les dévoiler.

Sans nul doute on est loin encore de pouvoir appliquer aux phénomènes atmosphériques le *criterium* particulier de la prévision, ou de la prédiction, ou de la prophétie; *criterium* qui est le caractère principal de toute science assise, et qui est l'unique preuve péremptoire de la bonté de ses affirmations. Mais on marche dans une voie sûre depuis l'Américain Maury, et l'on a le droit de tout attendre de l'avenir scientifique de la météorologie.

Insolation. — Les considérations qui vont suivre relativement à l'influx calorifique du soleil sont des plus importantes sous le rapport de la météorologie, et elles prouvent combien seraient précieuses pour le développement de la science du temps les observations relevées aux pôles de la Terre.

Ces recherches sur l'*insolation* (1), ou quantité de chaleur versée par le soleil aux divers lieux, aux diverses heures et aux divers saisons, auront du moins, à vos yeux, le faible mérite d'avoir été conçues et formulées au milieu des glaces, c'est-à-dire au sein même

(1) *Lois de l'insolation; Comptes rendus de l'Académie des sciences* du 28 janvier 1867. Courte note, introduction d'un travail étendu.

des obstacles que nous aurons à vaincre pour atteindre le but que nous nous proposons.

Je m'efforçais alors d'allier l'une à l'autres ces deux faces essentielles de toute activité humaine : la théorie et la pratique. Isolée, la théorie nous perd dans le vide des abstractions quintessenciées ; isolée à son tour, la pratique exclusive nous ensevelit dans un empirisme routinier.

Je vais essayer de vous faire comprendre comment les régions chaudes des tropiques ont une température à peu près uniforme, tandis que les régions polaires subissent alternativement un froid extrême et une *chaleur également extrême.* Cette dernière affirmation joue un rôle des plus importants dans la question du Pôle Nord.

Vous savez, messieurs, que la Terre circule autour du soleil dans le plan de l'écliptique ; la ligne qui aboutit au soleil forme avec la ligne des équinoxes l'angle de longitude héliocentrique, longitude qui se décrit en raison d'un degré environ par jour, et qui détermine les époques et les diverses saisons.

Le plan perpendiculaire à la ligne de longitude héliocentrique coupe la Terre suivant le cercle d'*illumination.* Dans sa rotation diurne, la Terre présente successivement au soleil ses divers points pour en recevoir lumière et chaleur ; la partie située en avant du cercle d'illumination est éclairée et chauffée ; la partie postérieure ne reçoit ni chaleur ni lumière. La considération du cercle d'illumination permet d'exposer très simplement le plus grand nombre des apparences astronomiques.

L'axe de rotation fait avec le plan d'illumination un angle variable avec le temps, angle que l'on prouve être égal à la déclinaison du soleil, et qui détermine encore l'époque. Cette déclinaison, d'ailleurs, se déduit facilement de l'obliquité de l'écliptique, 23° — 28′ et de la longitude céleste.

Le rayon solaire, ou si l'on veut, la direction de l'onde calorifique, frappe la surface de la Terre sous des incidences inégales. Lorsque le rayon incident est normal à la surface, la quantité de chaleur perçue est *un;* pour toute autre incidence, cette quantité de chaleur est représentée par le *cosinus* de l'angle d'incidence.

Or on prouve que la perpendiculaire abaissée d'un point quelconque de la surface sur le plan d'illumination est exactement égale à ce *cosinus* cherché.

Pour avoir la moyenne des quantités de chaleur versées dans un jour par une latitude donnée, il faut donc abaisser des perpendiculaires de tous les points du pourtour de l'arc diurne du parallèle de latitude sur le plan d'illumination, et prendre la moyenne de toutes ces lignes. On n'arrive en général à la simplicité qu'après de longs détours, et ce n'est qu'à la suite de calculs pénibles et compliqués que j'ai pu trouver ce procédé simple et élémentaire.

Avec un peu de calcul intégral, on prouve que la moyenne cherchée est précisément égale à la perpendiculaire abaissée du centre de gravité de l'arc diurne du parallèle.

Si le centre de gravité de l'arc diurne coïncidait avec le centre de gravité de la flèche du segment correspondant d'arc de parallèle, on obtiendrait une courbe qui est une ellipse parfaite, et dont les diamètres conjugués et les axes principaux se construisent très-facilement et graphiquement. Mais ce centre de gravité cherché est un peu plus éloigné, et il oscille entre 0,50 et 0,64 de la flèche, en atteignant cette dernière valeur vers l'équateur.

En construisant la courbe point par point, on obtient une figure très-simple qui peint la marche du phénomène.

Pour tous les parallèles de jour constant où le soleil ne se couche pas, les centres de gravité se trouvant sur l'axe même de rotation, et la partie correspondante de la courbe est une ligne droite qui prouve qu'au 21 juin la chaleur perçue va en croissant depuis le cercle polaire jusqu'au Pôle.

Le *jarret*, ou point de rebroussement de la ligne représentative du phénomène, suffit à préciser le caractère d'un *minima* qui n'est pas au Pôle.

Du 21 mars au 21 juin et du 21 juin au 21 septembre, le *jarret* se déplace en parcourant l'arc de circonférence décrit sur le rayon de la Terre comme diamètre. Le centre de gravité de cette partie de circonférence donne, par la perpendiculaire correspondante, la valeur moyenne des *minima* pendant les six mois indiqués, et c'est à la situation que prend alors l'axe de rotation, à la date marquée par cette situation, d'après la déclinaison ou la longitude, à la latitude qui ressort du dessin, que se trouve le parallèle de *minimum* de température. Ce parallèle avoisine le 80e degré. J'insiste sur ce point parce que mon mémoire a été cité par diverses personnes bienveillantes, comme indiquant le parallèle de *maximum* de froid à 60° — 32′, ce qui n'a lieu qu'au 21 juin, à l'époque la plus favorable.

Cette courbe, qui permet de comparer les moyennes d'insolation diurne pour un jour donné, sur tous les points du globe, ou qui représente les quantités de chaleur versées par le soleil, ne spécifie point les températures propres de chaque parallèle, même en supposant que l'on puisse se fier aux indications du thermomètre, guide infidèle sous ce rapport et qui obéit à nombre d'autres causes locales.

En premier lieu, les divers points de la Terre étant soumis tour à tour à l'insolation diurne et au refroidissement nocturne, il faut multiplier les moyennes de la courbe indiquée, par le rapport à vingt-quatre heures du nombre d'heures de jour. La partie linéaire de la courbe n'est pas altérée, puisqu'alors le jour est constant; mais, à partir du *jarret*, le coefficient de multiplication va sans cesse en décroissant; et vers les parages équatoriaux, ce coefficient est 0,50 environ, puisque le jour dure environ douze heures.

Je vais préciser à l'aide de quelques chiffres : la moyenne d'insolation au Pôle est représentée par le nombre 0,40. ou *sinus* de 23° 28'; cette même moyenne est représentée, vers l'équateur, par le nombre 0,64. Le premier nombre ne sera point altéré par le facteur diurne, tandis que le second nombre devient 0,32, c'est-à-dire qu'au 21 juin le soleil verse au Pôle une quantité de chaleur représentée par 40, si le nombre 32 représente la chaleur versée au tropique du Cancer.

Ainsi, en dehors d'autres conditions spéciales que j'indiquerai plus loin, il devrait faire plus chaud au Pôle Nord qu'à l'équateur, si cette date particulière, du 24 juin, était immuable, c'est-à-dire si l'axe de rotation faisait un angle constant de 23° — 28' avec le cercle d'illumination.

Ce résultat n'a rien de surprenant quand on réfléchit qu'au Pôle il est *midi toute la journée*, et qu'à l'équateur les pertes de la nuit compensent notablement les gains calorifiques du jour (1).

D'ailleurs, les mêmes considérations indiquent la température de — 60 comme devant être celle de l'hiver dans les parages circumpolaires. La moyenne annuelle, prise convenablement, en tenant compte des durées, dépasse 25 degrés au-dessous de zéro. On doit donc observer, dans ces parages le plus extrême froid, non moins qu'une extrême chaleur en partie combattue par les conditions glaciaires.

C'est en conséquence du refroidissement nocturne que le moment le plus chaud de la journée n'est point à midi, bien qu'à ce moment la chaleur versée soit la plus considérable ; le maximum de chaleur commence après la deuxième heure. De même dans notre hémisphère le mois le plus chaud n'est pas le mois de juin, époque où les moyennes d'insolation sont les plus fortes, et c'est vers le deuxième mois qu'a lieu le maximum. Au Pôle Nord, cette considération acquiert plus d'importance à cause de l'absorption de la chaleur dépensée pour fondre les glaces, et par la longueur d'un refroidissement semestriel ; la débâcle des glaces commence en juin ; c'est la période dangereuse, et la mer ne devient franche de glace, au loin des terres, qu'en août, septembre et octobre ; ou du moins ces mois sont les plus favorables (2).

(1) Voici deux hypothèses qui permettent de caractériser l'insolation polaire : s'il existait une planète dont l'axe de rotation fût incliné de 45 degrés sur le plan d'illumination, le pôle de cette planète subirait une température de 70 degrés ; et si l'axe de rotation se trouvait dans la direction du soleil en faisant alors un angle de 90 degrés avec le cercle d'illumination, la température polaire atteindrait 100 degrés ; l'eau n'existerait à ce point qu'à l'état de vapeur.

(2) Une réflexion analogue, qui m'est suggérée par une notabilité ma-

Une seconde cause spéciale à l'atmosphère vient encore modifier la loi caractérisée par la courbe des moyennes d'insolation et par les indications précédentes. Vous savez que l'atmosphère constitue autour de la Terre comme une sorte de vêtement qui remplit deux buts : il nous abrite en partie des rayons solaires, en absorbant près de moitié de la chaleur directement envoyée, et il conserve aussi autour de nous cette fraction de chaleur qui nous parvient. Sans cette couche atmosphérique, la chaleur solaire se réfléchirait sur la surface pour se disséminer dans l'espace, en ne nous octroyant presque aucun de ses bienfaits ; quant à la part absorbée par ce manteau protecteur, cette part se transforme, soit par aspiration, soit par compression, en cette force particulière, ou *vent*, que nous utilisons pour nos navires et nos usines ; force bienfaisante quand elle est réglée, maîtrisée et recueillie ; force qui sème l'épouvante, la destruction et la mort quand elle agit en ouragan. Toutes les grandes puissances sont ainsi fécondes quand on peut les régler, désastreuses et destructives quand elles saillent en désordre et par choc.

Or, en admettant que l'épaisseur de l'atmosphère soit environ le quatre-vingtième du rayon terrestre, le calcul apprend que cette épaisseur varie depuis sa plus petite valeur, dans le sens du zénith, jusqu'à douze ou treize fois plus vers l'horizon ; l'absorption de la chaleur solaire est donc plus grande quand le soleil est bas vers l'horizon que quand il est midi, ou bien quand les circonstances convenables de latitude et d'époque lui permettent de passer au zénith. On voit donc que les rayons solaires perçus au Pôle doivent être

ritime, explique aussi comment les côtes Est des continents sont toujours plus froides que les côtes Ouest, à saisons égales et latitudes égales.

frappés d'un coefficient de diminution eu égard à la faible hauteur du soleil au-dessus de l'horizon. La chaleur versée est donc moindre que ne l'indique la moyenne d'insolation ; et il faut demander à une autre forme de courbe la représentation graphique du phénomène (1).

De plus, après avoir tenu compte de l'intensité de l'insolation, de sa durée et de l'absorption atmosphérique, on doit se rappeler combien la réalité s'écarte de l'hypothèse préliminaire relative à l'homogénéité de la surface de la Terre.

Lorsqu'une chaîne de montagne court Est et Ouest, les deux versants Nord et Sud de cette chaîne jouissent de climats locaux souvent très-différents, suivant l'*exposition.* Des points très-rapprochés, mais où les terres présentent de grandes inégalités, comme pouvoir émissif et absorbant, donnent des moyennes thermométriques très-inégales. Les terrains sablonneux de diverses parties du continent africain, par exemple, présentent des températures moyennes presque doubles des températures accusées sous les mêmes latitudes au milieu de l'Océan.

Les lignes *isothermes* ne peuvent donc affecter quelque régularité que dans les espaces immenses à peu près homogènes, tels que la Sibérie ou les deux grands Océans.

En ajoutant à ces causes locales l'influence des grands courants océaniens et aériens, on voit combien sont démesurément complexes les bases sur lesquelles

(1) Cette absorption plus considérable des rayons solaires par l'atmosphère le matin et le soir, explique aussi la naissance corrélative des brises du matin et du soir ; chaque *Calorie*, absorbée par la masse de l'air, donne lieu à un déploiement de *Force* mécanique de 425 kilogrammès.

on peut asseoir les lois générales thermométriques; combien il faudra de pénétration aux chercheurs pour démêler dans des observations isolées et multipliées ce qui appartient à l'ensemble et ce qui découle d'accidents locaux, et combien nous sommes loin du but scientifique que peut se proposer la branche de la météorologie qui a pour but la théorie des climats.

Les observations faites aux environs du Pôle ont à ce point de vue une importance capitale pour l'avenir scientifique; et en me bornant à cette esquisse si condensée, je crois avoir suffisamment précisé ce que l'on peut attendre d'observations polaires.

Je termine par une dernière considération. Nous avons reconnu l'existence d'une zone de froid, ou de minimum de température, toutes choses égales d'ailleurs, au-dessous du 80° degré de latitude. Or cette zone peut couper des espaces terrestres; alors la partie de la zone située sur la mer jouira d'une température plus uniforme, grâce aux courants et à la masse des eaux; tandis que la partie avoisinant les terres propres à la formation de glaciers, et moins aptes à la transformation du calorique sensible, sera plus refroidie; la zone de froid s'étendra donc plus au loin dans cette seconde direction. C'est ainsi que Sir David Brewster, en examinant les inflexions des courbes *isothermes*, et en trouvant deux séries distinctes paraissant s'évanouir ou se concentrer à une certaine limite, a affirmé, par une large induction, l'existence de deux Pôles de froid situés, l'un au nord du continent américain, l'autre au nord de la Sibérie. L'influence des terres glaciaires peut et doit en effet infléchir les courbes thermométriques dans les deux directions indiquées, et justifier ainsi la situation de deux points accusant une température moyenne plus basse que celle des points voisins ; mais l'expression de *Pôles de froid* est impropre en tant que théorie. Il y a un *parallèle de froid,* dont les divers points sont dans des conditions dissemblables par rapport aux circonstances locales de terre et de mer, et l'emploi du mot de *Pôles*, à cette occasion, me paraît fausser le sens vrai du sujet.

Magnétisme. — Relativement aux phénomènes si intéressants du magnétisme terrestre, je me bornerai à une simple considération.

Tandis que dans un mouvement séculaire le Pôle magnétique parcourt la partie convexe d'une courbe, encore peu étudiée, la déclinaison de l'aiguille aimantée s'accroît vers l'ouest, puis elle paraît stationnaire; pour revenir ensuite vers l'est quand le Pôle magnétique poursuit son chemin sur la partie concave de la courbe. On se rend bien compte ainsi du phénomène, mais les calculs spéciaux à chaque lieu sont discordants; les perturbations locales obscurcissent tellement la loi générale que malgré de nombreuses recherches l'homme se trouve encore en face d'une inconnue pour les règles qui régissent cet ordre de faits. Les observations polaires peuvent jeter un grand jour sur cette inconnue, et peser d'un grand poids pour permettre de la dévoiler.

En 1830 le Pôle magnétique se trouvait précisément sur cette terre de Boothia Félix à laquelle la reconnaissance de John Ross donna le nom du généreux Anglais qui avait consacré une somme considérable à la réalisation d'une expédition scientifique à laquelle l'Amirauté Britannique avait refusé son concours. Cependant il s'agissait de deux des plus illustres marins de l'Angleterre, des deux Ross, John et James. Au retour de son ami, le distillateur Félix Booth, fut nommé baronnet, titre fort recherché dans la Grande-Bretagne.

Ce beau souvenir méritait une mention spéciale, et vous me pardonnerez de vous l'avoir rappelé.

Il est un phénomène célèbre, celui des aurores boréales, que l'on croit pouvoir ratttacher, par un lien étroit de dépendance, à l'électricité et au magnétisme terrestre. Cette connexion a été niée parfois, en s'appuyant sur ce que l'aiguille aimantée n'était pas toujours influencée, et d'une manière régulière, par la venue de l'aurore ; mais tous ceux qui ont vu ce phénomène n'ont jamais émis un doute à ce sujet, quelle que soit d'ailleurs leur impossibilité d'expliquer sa loi. On paraît admettre que les cristaux ténus de neige et de grésil, en supension dans les parties élevées de l'atmosphère, établissent une sorte de chaîne hétérogène et discontinue entre les mailles de laquelle s'effectuent des décharges électriques qui illuminent alors la coupole des cieux. Un travail récent et remarquable, inséré dans les *Mémoires de l'Institution Smithsonnienne* de Washington, cherche à établir que les aurores boréales se produisent seulement dans la zone des grands froids, comprise entre 70 et 80 degrés de latitude, et que l'intérieur de cette zone ne semble pas contribuer à ces étranges et éblouissantes clartés. Cette affirmation, si elle était justifiée, servirait de nouvelle induction en faveur d'une influence électro-magnétique, influence accentuée d'une manière spéciale dans les régions de l'extrême froid.

Je puis renvoyer les amateurs de belles descriptions aux récits de nos explorateurs français du Spitzberg, dans le voyage où M. Xavier Marmier était historiographe. Je dirai seulement, d'après ce que j'ai vu, que l'aurore boréale, dans son état simple, quand elle est dépourvue de l'*arc* et de la *couronne* lumineuse, offre l'apparence de taches brillantes d'un blanc laiteux, d'une mobilité excessive, d'une allure saccadée à laquelle il est impossible de refuser le caractère fulgurant, ressemblant à des éclairs larges dont le mouvement serait un peu ralenti, et dessinant sur la voûte céleste des figures bizarres.

En termes de physique elémentaire, on peut croire vraisemblablement que le ciel reproduit alors une sorte de gigantesque *tube de Geissler*, où les décharges électriques font apparaître des lueurs analogues; cette expérience se reproduit journellement dans tous les cabinets de physique. En somme, sur ce sujet difficile, tout ce que l'on sait, c'est que l'on ne sait rien ; et ce n'est que par des observations polaires, *bien vues* par des hommes sachant voir, que l'on peut arriver à quelque connaissance.

Glaces. — L'eau, vous le savez, se congèle ou se transforme en un corps solide appellé glace, à la température de zéro, quand elle est calme et pure. Diverses circonstances, entre autres le mouvement et les mélanges salins, peuvent retarder le point de congélation ; ainsi l'eau chargée de sel ne se fige qu'à des températures inférieures, qui peuvent même aller jusqu'à 15 degrés au-dessous de zéro dans l'extrême saturation.

Le phénomène des glaces est un des plus importants de la géographie physique, et à ce titre, il rentre tout spécialement parmi les objets d'étude de notre Société.

Dans le mouvement général de circulation des

eaux qui joue sur notre Terre un rôle analogue à celui du sang artériel et du sang veineux dans l'économie animale, on voit ces eaux, évaporées par l'action des rayons solaires, se déposer sous forme de pluies, brouillards, neiges, sur les hautes cimes de montagnes et dans les régions froides, et donner naissance à des glaciers qui se déchargent tantôt lentement, tantôt brusquement, pour produire les fleuves et retourner ainsi à l'état liquide sous l'influence de cette même chaleur qui les avait engendrés.

En combinant les conditions particulières de latitude et d'épaisseur atmosphérique, on se rend compte, dans chaque lieu, de la hauteur à laquelle se déposent les neiges persistantes, depuis 5,000 mètres sous l'équateur jusqu'au niveau de la mer dans les extrêmes régions froides du sud et du nord; dans ces zones des neiges, il se forme d'abord des masses agglutinées connues sous le nom de *nevés*, qui passent ensuite à l'état de glace transparente, et n'affectant plus alors la forme globuleuse ou granuleuse qui apparaît dans la masse lorsqu'elle est à son premier état.

Le phénomène glaciaire atteint une intensité extraordinaire dans les parages voisins des pôles, et c'est même la barrière qui, semblable au dragon de la Colchide, a entravé jusqu'ici tous les efforts pour explorer ces régions inconnues, et qui se dresse à notre encontre pour nous en défendre l'entrée.

Par une suite d'observations patientes et judicieuses effectuées principalement dans le massif des Alpes, on est arrivé à connaître comment le glacier se forme sous le *nevé*, comment il grandit, quelle est à peu près sa loi de croissance (1), comment il se meut, et s'étend la-

(1) Il convient d'observer que cette loi de croissance des glaciers ne

téralement par suite surtout de la *regélation*, en striant les roches sur lesquelles il s'appuie ; et comment, enfin, il tend à se résoudre en eau ou à remonter à sa source par un changement d'état.

Dans un excellent petit livre, récemment publié, notre collègue, M. William Hüber (1), a exposé l'état de nos connaissances sur la *glaciologie*, terme hybride, mais consacré. Ces lois sont les mêmes pour toutes les latitudes, quoique par des altitudes différentes ; et les glaciers miniatures des Alpes peuvent donner une idée des gigantesques formations polaires comme une humble plante peut faire juger d'un arbre colossal.

Deux glaciers de la côte ouest du Groenland, situés vers le 78e parallèle, l'un vers le milieu environ du détroit de Smith ou de Kennedy, l'autre un peu avant, le glacier de Humboldt et celui du frère John, ont été particulièrement étudiés par Kane et Hayes, dans leurs explorations de 1854 et de 1861.

La neige s'accumule, forme un *nevé* compacte, se transforme en glace ; le massif augmente ; la *regélation* se produit ; et, enfin, à la longue, une partie du glacier se trouve lancée à l'eau, dans la saison favorable, pour apparaître comme une montagne flottante ou *ice-berg*.

Nous avons vu comment le fait de l'insolation pro-

peut pas être illimitée en hauteur. A partir d'une certaine élévation, variable avec la latitude, la raréfaction de l'air dans les trop hautes régions ne permet plus le transport des vapeurs qui doivent se déposer ensuite ou se transformer en neige. Les plus hautes cimes de l'Hymalaya doivent être en roc entièment dénudé.

(1) *Les Glaciers*, 1 vol. in-18°, Paris, Challamel. — Je suis heureux de saisir cette occasion pour pouvoir signaler aussi la magnifique publication de notre collègue M. Élisée Reclus : *La Terre, Description des Phénomènes de vie du globe*. Ce beau livre vient de paraître à la librairie Hachette.

duit des différences de température énormes dans les régions polaires, différences sans analogie avec les grandeurs équivalentes des climats tempérés. Les brisures ou fissures se produisent donc au sein du glacier avec une intensité proportionnelle à la cause génératrice ; les eaux de fusion qui s'introduisent de la surface, dans ces fissures, se retrouvent alors soumises à un contact qui les congèle à nouveau ; puis l'augmentation considérable de volume que subit cette eau d'infiltration en se changeant en glace produit un effort d'expansion qui agrandit le glacier, et parfois le disloque et le décharge en partie dans la mer ; c'est en cela que consiste la *regélation*. C'est en mai, juin et juillet, dans le Nord, en novembre, décembre et janvier dans le Sud, que ces phénomènes sont les plus intenses.

Le glacier, quand le profil des terres lui permet de s'établir, grandit pendant tout l'hiver, reste parfois plusieurs années ou plusieurs siècles sans se désagréger ou sans se décharger; puis, à sa limite, il retombe à l'eau pour rentrer dans le torrent circulatoire, et pour être jusqu'au moment de sa fusion le jouet des courants et des vents.

L'*ice-berg*, à la mer, se reconnaît à la transparence de la glace, à des détritus terrestres et organiques, à une densité moyenne plus grande et à ses dimensions colossales. On en a mesuré qui jaugeaient plusieurs millions de tonneaux, et qui, ayant 100 ou 200 mètres au-dessus de l'eau, devaient avoir 600 ou 1,000 mètres d'épaisseur totale, d'après la densité moyenne.

Quand ces masses se trouvent dans certaines conditions calorifiques, sous l'influx solaire, elles se fendillent, se gercent, et parfois éclatent brusquement, se brisant en mille pièces en produisant un fracas que des témoins auriculaires, Hayes entre autres, comparent au bruit de la décharge simultanée de plusieurs centaines de pièces d'artillerie.

Lorsque l'*ice-berg* se décharge dans des chenaux étroits comme le sont tous les passages entre les îles de l'Amérique du Nord, il n'a même pas le temps de fondre dans la mer qui le baigne ; il se trouve saisi de nouveau dans les glaces de mer ; et, loin de diminuer il augmente encore jusqu'à la saison suivante, ou le hasard des courants et des vents occasionne sa fonte ou le préserve encore.

C'est surtout aux alentours du Pôle Sud que l'on rencontre les masses les plus formidables de glaces flottantes; elles vont même quelquefois jusque par le 40e parallèle, poussées comme des navires à voiles, ou charriées, entre autres, par le courant du Mentor; au Nord, les *ice-bergs* encombrent toutes les passes de l'archipel du Nord-Amérique, de même que la côte du Groenland et de la Nouvelle-Zemble.

Si une mer entourait le massif des Alpes ou de l'Hymalaya, par exemple, cette mer serait de même encombrée et cernée par des lignes compactes d'*ice-bergs*, quoique avec une intensité moindre, corrélative à la moindre intensité dans les changements thermiques.

C'est en ce sens que l'on peut affirmer qu'il doit exister au Pôle Sud un massif de terre compacte et montagneux, donnant lieu à la production d'immenses glaciers qui se déchargent à l'Océan à des intervalles inégaux, quelquefois séculaires, et dont la ceinture arrête le navigateur.

C'est ainsi que l'illustre Cook avait déclaré que l'on ne dépasserait pas la limite qu'il avait atteinte au sud.

L'année de son voyage avait pu correspondre à une plus grande production de gigantesques glaces flottantes. L'Anglais Weddell et l'Anglais John Ross ont prouvé que l'on pouvait largement dépasser la limite de Cook ; peut-être aussi le hasard de la période glaciaire les a-t-il mieux servis.

A la mer, le phénomène de la formation de la glace a un tout autre caractère. La neige tombant en flocons pressés recouvre la surface ; et avant qu'elle ait eu le temps de fondre ou de se dissoudre, elle forme comme une sorte de bouillie épaisse. Si le temps est beau, la mer calme, le vent paisible, tout cela se prend et se fige sur une petite épaisseur, en formant une glace moitié franche, moitié *nevé*.

Dès que le vent se lève, tout se brise, s'émiette, et produit un des spectacles les plus admirables que l'on puisse voir.

Chaque petit morceau de glace, en fondant, s'entoure d'un véritable bain de pied d'eau douce qui ne se mêle pas avec l'eau de la mer ; les rayons d'un soleil dont la hauteur est très-basse viennent irriser toutes ces flaques d'eau en reproduisant sur une échelle énorme le phénomène des anneaux colorés de Newton, et en reflétant toutes les nuances du spectre ; mais avec une telle pâleur générale de ton que le charme s'évanouit pour faire place à une impression pénible et lugubre ; il semble, par instant, que la nature s'entrevoit tout entière comme à travers une sorte de suaire ou de linceul de gaze.

Ce sont là des embryons de banquise. S'il vient un grand froid, tout se coagule, moitié glace d'eau douce, transparente, verte, moitié *nevé* granuleux, neige agglutinée ; puis, si la neige retombe, la mer se prend sur de vastes espaces; à la saison d'hiver, elle se congèle probablement d'un bout à l'autre, dans la zone des froids, et l'on passe en traîneau d'Asie en Amérique. Quand arrivent les fortes chaleurs de juin, tout se disloque; c'est la débâcle, dont les débris forment d'immenses banquises ou *champs de glace, ice-fields.* Il n'est pas rare de rencontrer des plaques ayant plusieurs kilomètres de superficie; cette glace de mer est peu épaisse; vers les côtes, elle s'accroît sur place; mais au large, elle n'émerge pas de plus d'un mètre; elle est très-hétérogène, sans transparence, d'un blanc laiteux, elle ne recèle jamais aucun débris terrestre ou végétal. De loin, du haut de la mâture, ces surfaces semblent polies et unies comme un miroir; en réalité, elles sont fort rugueuses et rappellent les ondulations que présente l'aspect de nos champs couverts de neige, quand la bise en a plissé le manteau blanc, grenu et cristallin. Le marin expérimenté ne doit pas pénétrer dans la mer Arctique avant que la débâcle ne soit accusée.

Dans tous les lieux où il y a des champs de glace, il y a de vastes superficies de mer; si les *ice-bergs* sont mêlés à ces *champs,* c'est qu'ils viennent du dehors, sous l'impulsion des courants ou des vents.

Vers le nord-ouest du Spitzberg, il y a des champs de glace et une eau profonde; Parry l'a constaté aussi bien que ses successeurs.

Dans la mer Arctique, après le détroit de Béering jusque par delà le 73e degré nord, on ne voit que des champs de glace.

C'est une des raisons fondamentales qui m'ont fait préférer la voie de Béering comme la plus propre, et peut-être même la seule, pour nous permettre d'atteindre le Pôle.

Ainsi, l'on peut considérer comme un fait établi : que l'*ice-berg* naît à terre et meurt à l'Océan, tandis que l'*ice-field* a une origine entièrement maritime. Donc, et j'insiste : *Terre au Pôle Sud! mer au Pôle Nord*! D'autres motifs encore viennent corroborer cette affirmation.

En me bornant à ces indications sommaires et strictement resserrées dans les limites de mon but spécial, je dois rappeler que, malgré les sagaces travaux de Tyndall et de ses prédécesseurs, l'étude glaciaire exigera encore de longs et pénibles efforts pour nous permettre de répondre à nombre de questions d'une importance capitale ; les recherches doivent être dirigées principalement vers les deux Pôles. C'est là, dans ces lieux témoins actuels de cette période glaciaire qui a joué un si grand rôle géologique dans l'histoire physique de notre globe, que sont déposées les clefs de nombreux mystères à dévoiler ; c'est aux Pôles, et seulement là, que nous trouverons les plus précieux et les plus féconds enseignements.

Courants. — Relativement aux courants, je ne veux, pour le présent, vous dire qu'un seul mot sur le principal des fleuves intérieurs de l'Océan Atlantique, le Gulf-Stream, eu égard au rôle qu'il joue à tort ou à raison dans la question du Pôle Nord.

On ne sait trop où il commence, mais il contourne le golfe du Mexique, ressort par le vieux canal de Bahama en suivant les côtes des États-Unis, traverse l'Atlantique du Nord en se bifurquant vers les Açores, et vient atteindre le Nord de l'Europe.

A partir du golfe du Mexique, les eaux du Gulf-Stream présentent une couleur tranchée, et surtout une température élevée qui n'est pas sans influence réelle sur notre climat européen. C'est même à ce propos que l'illustre Franklin le physicien, avait proposé l'emploi du thermomètre pour la navigation (1).

La branche de bifurcation semble regagner le Sud en décrivant un contour arrondi, au sein duquel le remous général paraît amonceler une immense quantité de ces produits végétauxque l'on appelle *raisin des tropiques*, et dont l'encombrement suffirait à gêner la marche d'une embarcation; c'est la mer de *sargasse*.

Le docteur Petermann a invoqué le rôle calorifique de ce grand courant marin pour recommander la route située entre la Nouvelle-Zemble et le Spitzberg comme étant la plus favorable pour atteindre le Pôle Nord. Sans tirer aucune induction défavorable des échecs essuyés dans cette voie, on peut dire qu'à partir du Nord de la Norvége, on ne sait plus guère au juste ce que devient le Gulf-Stream; et sa prolongation serait en absolue contradiction, il faut le dire, avec l'essai de théorie indiqué plus haut; ainsi, une banquise épaisse, dont vous voyez l'état sur la carte, et qui peut avoir 200 lieues peut-être de large, s'appuie sur le Spitzberg et la Nouvelle-Zemble.

Le Gulf-Stream, à coup sûr, ne détruit pas cette barrière, et l'on ne peut même pas affirmer que ce courant ait une connexion intime avec cette mystérieuse *Polynia*, mer libre, parfaitement constatée, qui sert de base d'opération à notre expédition française.

Hedenstroem, en 1810, Wrangell et Anjou, de 1823

(1) A son passage dans le canal de Babama, le Gulf-Stream a une vitesse de près de quatre nœuds à l'heure, ce que j'ai pu constater personnellement, il y a près de vingt ans, dans mon premier voyage maritime, en relevant des différences journalières de plus de 90 milles entre les latitudes observées et estimées.

à 1825, ont inutilement essayé de gagner le Nord en traîneau en partant des côtes de la Sibérie. Anjou a pu gagner les îles dites de la Nouvelle-Sibérie, mais non pas aller au delà ; sur plusieurs points, la rive de la Polynia a pu être nettement délimitée : *glace mince, glace ouverte, vieille glace flottante*, telles sont les marques principales relevées par Wrangell vers l'extrémité Est de la Polynia. La glace, depuis le cap Nord de Cook, jusqu'au delà du cap Jakan, est constamment entrecoupée par des ruisselets d'eau, par des flaques libres, par de petites *Polynia* ; la marche en traîneau était impossible ; et là ou l'*on ne passe pas en traîneau, on passe en navire !*

Chaque courant principal est ordinairement accompagné d'un contre-courant marchant en sens inverse ; ce contre-courant subordonné ou annexe est parfaitement reconnu, dans l'Océan même, pour le Gulf-Stream, quoique sans précision.

Le Gulf-Stream réussit-il à pénétrer jusqu'à la mer polaire ? Est-ce lui qui, après un long circuit, revient nord et sud entre le Spitzberg et le Groenland ?

Ce second courant froid est constaté par tous les navigateurs, et plus spécialement par la célèbre expérience de Parry en 1827. C'est ce courant qui entraînait au sud toute la banquise sur laquelle l'illustre marin et ses compagnons cherchaient à gagner le Pôle en traîneau, banquise brisée d'ailleurs, formée de fragments disjoints entre lesquels Parry affirme que l'on eût pu conduire un navire.

Or un courant ne sort pas d'une terre ! Il faut de l'eau, plus au loin en remontant le courant, pour que ce courant puisse exister. Cette raison sérieuse, mais ont il faut comprendre le sens, — car le courant peut tourner, — ajoute encore son poids à notre affirmation : *Mer ouverte au Pôle Nord.*

Dans les régions polaires australes, les courants semblent contourner les banquises, mais non pas provenir directement du Sud. Là encore, quoique avec moins de poids, nous corroborons la certitude d'existence d'une *vaste terre au Pôle Sud.*

Du côté du détroit de Béering, un courant très-vif, du Sud au Nord, suit le contour des côtes asiatiques du Kamtchatka, franchit le détroit, et là, on paraît le perdre de vue. Mais il semble que ce courant ait un caractère semestriel, c'est-à-dire que, pendant l'arrière-saison, le courant, au contraire, semble entraîner les eaux de la mer arctique dans la mer de Béering. Qund un navire jette l'ancre dans ces parages, les débris de banquises circulent le long du bord alors immobile; et le spectacle est identique à celui que présente l'aspect de nos rivières quand elles charrient des glaces au cœur de l'hiver. On peut alors constater la direction et l'intensité du courant avec une extrême précision; c'est ce que j'ai pu faire deux fois seulement et par hasard; tandis qu'un navire ayant un mandat spécial peut le réitérer aussi fréquemment que cela peut être utile.

Une étude générale des courants, en ce qui concerne notre hémisphère, ne peut avoir aucune suite, aucune assiette, si l'on ne parvient pas à déterminer la route de ces fleuves océaniens à travers cette mer libre du Pôle, dont l'existence n'est même plus en question depuis les explorations et les témoignages oculaires de Kane et de Hayes.

Notre expédition, sous ce rapport, sera donc très-fructueuse.

Marées. — Vous connaissez tous, messieurs, ce phénomène d'oscillations, ou d'exhaussement et d'abaissement alternatifs, des eaux de l'Océan.

Képler l'expliquait par une succession de mouvements analogues à celui des flancs d'un animal qui respire, en attribuant à la Terre une sorte de vitalité propre.

Alfred de Musset, dans une phrase élégante, a parfaitement exprimé la vérité : *L'Océan qui se soulève sous les baisers de la pâle Diane...* Cela est court, joli et juste.

On sait en effet avec certitude que le mouvement de la marée océanienne est dû à l'action principale de la lune, et à l'action secondaire du soleil.

Les observations des marées polaires, recueillies en dehors des canaux resserrés de l'archipel du Nord-Amérique, obtenues principalement dans la *Polynia*, auraient une importance capitale pour infirmer ou justifier l'adoption d'une théorie générale; les actions plus tangentielles exercées aux deux Pôles par deux astres qui s'écartent peu de l'équateur, donnent alors au phénomène de la marée, dans ces parages, un caractère tout particulier qui peut plus particulièrement servir de contrôle. Et si une théorie précise ne peut améliorer les applications pratiques des travaux de nos ports, vous savez du moins quelles hautes conséquences spéculatives peuvent en rejaillir, puisque, récemment encore, un de nos plus savants astronomes, membre du Comité, a cru pouvoir rattacher au fait des marées une légère inégalité du mouvement lunaire.

Sciences naturelles. — Bien que l'importance de notre expédition scientifique au Pôle Nord se rattache plus particulièrement à l'étude de nombreux points des sciences dites physiques ou inorganiques, elle peut aussi permettre de recueillir une ample et précieuse moisson de faits relatifs à la science des êtres organisés.

Déjà, plusieurs des éminents naturalistes du Comité de patronage m'ont promis ou offert des notes précises, techniques, méthodiques, détaillées, sur de nombreux points à élucider, et à propos desquels l'expédition doit pouvoir leur procurer des renseignements qui ont un grand prix à leurs yeux.

Mes collaborateurs spéciaux, docteurs en médecine, chargés en même temps du service médico-hygiénique, — car, à bord, chacun de nous devra se multiplier et suffire à plusieurs fonctions, — seront plus particulièrement investis des recherches organologiques. Je vais passer en revue, et à grands traits, le sens général de ces recherches dans les parages exceptionnels où nous aurons à observer. Je n'ai pas à ajouter que nous pourrons enrichir nos collections de nombreux spécimens d'un grand intérêt.

Le premier point à bien établir à propos de ces régions froides que l'on se figure volontiers avec tous les attributs de la mort, et comme ne comportant que des créations inertes, c'est l'exubérance inouïe de la vie organique, principalement animale.

Les grandes espèces d'abord. Les diverses variétés de baleines se rencontrent en quantités innombrables dans la mer Arctique, qui sert même de refuge à ces énormes cétacés depuis qu'on les pourchasse activement dans tous les lieux où ils abondaient autrefois. Le bassin libre du Pôle Nord, *la Polynia*, suivant les plus légitimes inductions, doit être, plus encore, richement peuplé. Il n'est pas rare dans un seul jour d'apercevoir au-dessus de la surface des eaux quelques centaines de souffles distincts produits par la respiration de ces mammifères océaniens. Un grand nombre de ces espèces a reçu des Américains le nom de ***Devil-fish*** ou ***Poisson diable***, parce que les difficultés de la lutte pour s'en emparer ne compensent pas à beaucoup près leur faible valeur commerciale. La ***Bow-head***, au contraire, douce et paisible, devient facilement la proie du pêcheur, et c'est une riche proie. L'examen de l'estomac de ces animaux pourra permettre de rectifier les croyances sur leur mode d'alimentation. Suivant les uns, la nourriture de la baleine consiste en petits crustacés rouges qui pullulent dans les gîtes baleiniers; suivant Ehremberg, ce crustacé pourvoit à la subsistance de poissons un peu plus gros, qui sont à leur tour ingurgités par la baleine; la première hypothèse est plus généralement admise.

Le Morse, ***Walrus***, ou vache marine, animal timide, qui fuit devant l'homme sans jamais l'attaquer, qu'il est même difficile d'atteindre, qui exige, pour cela, ruse, adresse, prudence, contrairement aux contes de certains voyageurs qui narrent ce que d'autres n'ont jamais vu, le morse est de la taille d'un gros bœuf normand; il se rencontre en troupeaux qui sont des légions. Parfois le navire traverse des bandes qui recouvrent la mer sur des étendues de plusieurs kilomètres.

Ils sont à l'eau, dormant la tête en bas, ou s'agitant sur la vague, ou reposant en rangs pressés sur les bancs de glaces flottantes. L'inspection des estomacs prouve que leur nourriture principale doit consister en crustacés, qu'ils draguent au fond de l'eau avec leurs défenses de bel ivoire, et dont le test se retrouve en fragments dans la poche stomacale. Pour suffire à la nutrition d'animaux aussi grands et aussi nombreux, il faut une source organique des plus considérables.

Le veau marin se rencontre fréquemment aussi, mais isolé; il se nourrit de poissons; timide, rusé, d'approche difficile, le veau marin nécessite toute l'habileté du chasseur qui veut s'en emparer.

L'ours blanc, carnivore, ichthyophage, se repaît surtout de veaux marins et même de morses. Malgré la fermeté du cuir de ce dernier animal, les puissantes griffes de l'ours savent déchirer cette enveloppe, et j'ai retrouvé du poil de morse dans la poche intestinale d'un de ces grands carnassiers; sa taille est gigantesque; elle dépasse souvent $2^{m},50$, et la paume de la patte atteint 60 ou 80 centimètres de circonférence. Tantôt lâche, tantôt agressif, c'est un rude adversaire avec lequel il faut compter, mais dont on a facilement raison au large, avec une embarcation et un peu de sang-froid.

Le poisson, genre *salmo* surtout, est tellement abondant aux embouchures des rivières que vers Okhotsk, il est saisi par bandes dans la glace, au moment de la prise des eaux, et, au moment du dégel, il dépose un amas de matières putrides qui engendrent des fièvres et transforment les rives en une sorte de Marais-Pontins.

Et pour suffire à l'alimentation de ces myriades d'êtres doués d'appétits gloutons, je laisse à juger ce que doit être la production des plus petites espèces, et principalement des infusoires!

Le crustacé rouge, grand de quelques millimètres, qui teinte la mer dans les parages fréquentés par les baleines, ressemble à un mince embryon de crevette sans barbes; en jetant une seille le long du bord, l'eau ainsi puisée sans précaution, et ne contenant qu'une faible proportion relative d'animalcules, permet de recueillir un verre plein de matières animales, d'un rouge vif, qui frétille sur le mouchoir d'où l'eau a filtré.

La mer, par moments, est tellement chargée de corps organiques élémentaires, qu'elle devient grasse et comme huileuse au toucher. Quand le temps est calme, ce qui arrive souvent, la surface de la mer est lisse et unie comme l'eau d'un bassin, et l'on voit des plaques huileuses dessiner de toutes parts de capricieux méandres. Là, encore, il se produit en grand des phénomènes de coloration analogues à ceux que l'on remarque sur nos étangs auprès des touffes de nénuphar, et qui donne lieu à un spectacle ravissant.

Le poisson suffit encore à la voracité d'oiseaux de diverses espèces dont les vols dépassent en grandeur tout ce que l'on peut dire; ce sont des fourmillements ailés. L'alouette des glaces, qui ressemble à la nôtre, recouvre parfois, et d'un seul groupe, des surfaces de plusieurs hectares.

Les palmipèdes du genre Canard, l'Eider entre autres, se rencontrent en bandes dont l'aspect étourdit; dans l'air, cela forme des nuages; sur l'eau, ils se serrent les uns contre les autres, à tel point qu'au moment où ils battent de l'aile pour s'enlever, ils se culbutent et sont obligés de s'étager sur plusieurs rangs; puis cela forme comme un ouragan de matière emplumée.

En vérité, la vie animale des régions polaires est

d'une intensité qui dépasse toute limite (1). Vous voyez donc que ces régions offrent au naturaliste un champ de recherche des plus vastes.

Le savant Ehremberg, en ce qui touche aux observations micrographiques, recommande instamment de recueillir sur les fonds où la profondeur le permet, les boues ou vases qui récèlent les corpuscules les plus élémentaires. Dans ce but, par des brassiages de moins de 50 mètres, j'utiliserai un petit appareil de forme analogue à l'extracteur des puits artésiens, après que le trépan a broyé la roche à traverser. On peut employer aussi de petites dragues particulières; les vases seront séchées et conservées pour subir au retour un attentif examen; de plus, sur les hauts fonds, nous inspecterons de notre mieux le spectacle sous-marin au moyen de la lumière électrique.

Les espèces boréales et australes ne paraissent pas être les mêmes; ainsi, par exemple, l'albatros qui abonde au Sud, et dont l'aile, de plus de 3 mètres d'envergure, semble infatigable, ne se trouve pas au Nord; et la baleine du Sud n'est pas la *Bow-head*.

La vie végétale, sous-marine et terrestre, malgré le nombre réduit des espèces dans ces parages, offre un premier intérêt en quelque sorte *thermologique*. On sait que chaque plante nécessite un certain nombre de degrés de température pour germer, sortir de sa graine, s'épanouir, et fructifier ou se reproduire. Là où le thermomètre peut être un guide infidèle, comme accusant trop les divergences locales, la plante vient témoigner de la climature d'ensemble, en délimitant vaguement, mais sûrement, des zones de chaleur

(1) Voyez ce qu'en ont dit, dans ces derniers temps, Kane, Morton, Hall et Hayes, rien de plus rassurant pour l'avenir des explorations arctiques.

moyenne annuelle. En tenant compte des altitudes et des régions géographiques, le règne végétal peut servir à contrôler des théories physiques! La confrontation des espèces polaires avec les espèces qui apparaissent auprès des cimes neigeuses de nos montagnes doit donc offrir un vif intérêt.

De plus, cette vie végétale des régions polaires, quoique bornée en général aux espèces dites *Acotylédonées*, n'en a pas moins une intensité supérieure, même dans la zone des plus grands froids. Au moment des chaleurs extrêmes, dès que les glaces ont absorbé leur part d'insolation, la plante se développe avec une rapidité telle qu'on la voit en quelque sorte grandir! L'hiver ne détruit pas tous les germes de la vie, et les variétés de mousse sont assez abondantes pour suffire à la nourriture de nombreux troupeaux de rennes. Dans leur hivernage au port Foulque, vers le 78e degré de latitude, les compagnons de Hayes ont pu tuer plus de 600 rennes; or ces rennes vivaient, et ils sont herbivores.

L'étude comparée des organismes, dans les régions extrêmes, a surtout un caractère important parce qu'elle permet de jeter quelque jour sur cette *grande théorie des milieux*, largement ébauchée par Lamark, et qui a été récemment reprise avec ampleur par nos contemporains. Malheureusement, dans des inductions trop hâtives et anticipées, on fait intervenir, soit pour approuver, soit pour combattre, des notions qui n'ont que voir en matière scientifique. Ce ne serait pas un des moindres résultats d'observations polaires que de pouvoir en conclure avec certitude le rejet ou l'adoption de telle conclusion crue prématurée, par suite de l'examen des conditions organiques à l'extrême limite observable de l'échelle thermométrique.

La géologie et la paléontologie, ces deux jeunes sœurs, nées d'hier, mais déjà grandes et imposantes, qui sont l'œuvre de nos contemporains, qui comptent parmi leurs fondateurs des hommes vivant au milieu de nous, dont l'un d'eux même, et des plus considérables, président honoraire de notre Société, a bien voulu faire partie du Comité de patronage, la géologie et la paléontologie, dis-je, doivent espérer une riche moisson de notre voyage au Pôle Nord.

Ces deux sciences, vous le savez, messieurs, ne peuvent se disjoindre. Les diverses couches géologiques de notre écorce terrestre, ou succession de ses assises à peu près reconnues au nombre de 15 ou 20, de formation tantôt plutonique, tantôt neptunienne, révèlent leur histoire plus encore par la nature des êtres organisés enfouis dans leurs profondeurs que par les caractères purement minéralogiques.

Pallas, chargé d'une mission scientifique par Catherine II, eut la rare bonne fortune de trouver, vers les embouchures de la Léna, un *mammouth* entièrement conservé ; le poil tenait encore à la peau, et l'on peut dire, avec une très-légère nuance d'exagération qu'il n'est pas impossible de faire un repas avec un mets *antédiluvien*. Cette découverte eut un contre-coup considérable sur les spéculations scientifiques. A ce moment, le Français Vicq d'Azyr créait l'anatomie comparée, pour donner ainsi une première base aux travaux de Cuvier. La géologie se constituait en même temps, sans qu'on puisse à propos de son éclosion remonter plus haut qu'à Buffon ou à quelques éclairs de génie de Bernard de Palissy.

Vous voyez, messieurs, une fois de plus combien notre science est jeune, combien elle attend d'efforts et de découvertes ultérieures, et combien il importe de pousser en avant ceux qui cherchent à lui fournir de nouveaux points d'appui.

Avec des sondages convenablement faits, répartis intelligemment sur les points des côtes boréales, on peut arriver à établir la stratification des terrains et de leur nature. Avec un peu de bonheur, il n'est pas impossible que les fouilles effectuées dans les régions polaires ne fassent apparaître quelques traces de ces créations antérieures, végétaux ou animaux, qui servent de jalons pour déterminer la succession de ces grands âges géologiques aux périodes millénaires, écoulés tour à tour dans l'infini des siècles.

A coup sûr, de même qu'aux îles de la Nouvelle-Sibérie, on pourra trouver des bancs d'ivoire fossile; une seule dent de mammouth pèse quelquefois jusqu'à 70 kilogrammes.

Je ne parle pas de fer, de charbon, d'or, de cuivre ; ces minéraux abondent dans les terrains circumpolaires.

Si, maintenant, nous reportant à la célèbre hypothèse de Laplace sur la formation de notre système solaire, et sur la condensation par anneaux à peu près concentriques de la nébuleuse originelle, nous voulons poursuivre cette vue, avec le faible appui de cette hypothèse, fil ténu, délié, incertain, nous arrivons à des résultats dont la constatation serait d'un prix singulier.

Lorsque la contraction d'un anneau a pu former la planète que nous habitons, il est bien certain que la durée de sa rotation, ou jour, et que tous ces nombres que nous appelons les constantes de notre système, ne pouvaient pas avoir alors leur valeur actuelle;

ils ont dû graduellement se modifier dans une durée de temps incalculable pour arriver à leur grandeur présente, résultat d'un état particulier d'équilibre. Mais, à moins d'un cataclysme violent disjoignant de la Terre une fraction notable de sa masse, l'axe de rotation a dû se déplacer fort peu dans le sphéroïde, et les Pôles ont conservé la même situation sur la surface. Dès lors, les régions polaires ont dû être les premières à se refroidir, à permettre l'assiette de la croûte géologique, et à servir de lieu de production pour les êtres organisés, rudimentaires d'abord, puis plus complexes, qui sont corrélatifs à chaque assise terrestre.

Ce serait donc aux deux Pôles, en suivant rigoureusement cette hypothèse de Laplace, que la vie se serait d'abord manifestée. Que dis-je! peut-être, l'homme même!... Je m'arrête à cette limite, messieurs, qui touche à tant de choses!

Moyens d'exécution. — J'ai pensé, messieurs, que ce serait sortir du cadre de cette lettre que de vous donner des détails techniques sur les installations spéciales du navire. Je marque simplement la place de cet ordre d'idées. Je me contenterai de vous dire qu'une seconde étrave verticale, suivant le conseil de Mac-Clure, sera placée comme défense à l'avant, avec une forte charpente de consolidation ; qu'un soufflage protégera tous les flancs du navire jusqu'à la ligne de flottaison ; que le tout sera recouvert d'une armature en fer ; que l'intérieur sera partagé en compartiments étanchés par des entretoises destinées aussi à résister à un écrasement du dehors ; que de grands charniers en fer seront disposés dans les divers compartiments ; que la machine sera très- réduite en force, eu égard à l'impossibilité de renouveler les approvisionnements de charbon ; que la pêche accidentelle de la baleine pourra nous permettre d'utiliser un corps gras fort riche de calories en combustible; combustible très-cher, qui revient à 1,200 fr. la tonne, mais que l'on peut trouver sur place et au large; que toutes les précautions les plus propres à assurer de bonnes conditions matérielles et hygiéniques seront prises avec soin ; que toutes ces précautions ont été étudiées au sein même des glaces, en profitant de l'expérience de nos devanciers ; que nous serons munis des moyens énergiques nécessaires pour briser ou scier la faible ligne de glace qui sépare l'eau libre vers Béering de l'eau libre vers la Polynia, etc., etc.

Quant au personnel, il se composera d'environ cinquante volontaires, parmi lesquels j'aurai quelques-uns des mes rudes compagnons baleiniers, marins intrépides, habitués aux glaces, et navigateurs consommés. En ce qui concerne l'état-major scientifique et maritime, j'ai déjà reçu des demandes assez nombreuses pour suffire à l'armement de quatre navires; j'ai répondu à tous avec grand empressement et courtoisie, en prenant note, mais sans me permettre d'engager ma parole avant le moment voulu. Quelque précieuses que soient plusieurs de ces demandes, j'ai tenu à conserver ma liberté d'allures et la liberté de mes choix jusqu'à la dernière heure qui sera celle de l'armement. Ce qu'il faut avant tout, ce sont des compagnons doués d'une résolution inflexible, dont le dévouement chaleureux, voire même enthousiaste, soit acquis en entier à la grandeur de notre œuvre. Sur ce point, j'ai déjà de vives et légitimes satisfactions. De plus, mes compagnons devront s'efforcer, comme moi-même, d'exhausser le niveau intellectuel et moral de tous les hommes de l'équipage, surtout si l'on hiverne; et, nous aurons à faire notre possible pour donner à tous autant de bien-être matériel que pourront le comporter les exigences légitimes du service.

But propre de l'expédition. — J'ai essayé, messieurs, de vous présenter en larges traits les linéaments principaux de ce que l'on pourrait appeler notre bilan scientifique spécial. A cet ensemble vient s'ajouter encore le : *on ne sait.*

Un des maîtres de la chimie contemporaine, membre du Comité, me rapportait un mot de l'illustre Faraday, dont l'Angleterre déplore la perte récente : « Je ne vous parlais pas de ce que je faisais depuis trois jours, lui disait-il, et cela devait vous étonner; c'est que je cherchais quelque chose que je savais être absurde; *mais j'ai trouvé à côté;* mon idée préconçue, toute fausse qu'elle était, me servait de fil directeur. »

Celui dont le souvenir plane encore sur l'Observatoire de Paris, François Arago, avait exprimé une pensée analogue sous une forme vive et concise : « *L'inconnu, c'est la part du lion!* » — Que trouverons-nous à côté? Quel sera notre inconnu? Quelle sera notre part du lion? — Nous avons autour du Pôle Nord 800 millions d'hectares inexplorés. — Quelle surprise nous sera réservée? Que pourrons nous apprendre en parcourant cette arène immense, et vierge de tout regard humain? Nul ne l'a vu, nul ne le sait, nul n'a pu le dire; nous le verrons, nous le saurons, nous le dirons!

Mais avons-nous la prétention de satisfaire à tous les détails de ce large programme? A cela je réponds, avec toute la netteté possible : Non, certainement non! En principe, non! En principe, le but exclusif de l'expédition est d'aller au Pôle Nord ; ni moins, ni plus.

En atteignant ce but nous aurons assez fait pour un premier voyage, et nous aurons tenu tout ce que nous aurons promis.

Messieurs, les grandes choses provoquent les grands mots, et je ne crains pas d'emprunter aux documents franco-anglais et allemands l'expression de triomphe géographique, pour caractériser l'œuvre que nous poursuivons en commun.

Et lorsque ce triomphe sera un fait acquis à l'histoire, vous tous, Société de Géographie, qui avez prêté un concours exceptionnel à la question du Pôle Nord, qui aujourd'hui même, contrairement à vos usages traditionnels, lui avez consacré complétement tout le temps devos lectures annuelles ; vous tous par cela seul que nous aurons atteint le Pôle Nord, vous aurez bien mérité du pays, de la science et de tous ; je l'affirme hardiment, car vous aurez satisfait à la solution d'un problème qui, depuis deux cents ans, a vaincu toutes les forces humaines.

La communication de M. Gustave Lambert se termina au milieu des chaleureux applaudissement qui l'avaient interrompue à plusieurs reprises, et M. de Quatrefages, président de la Commission centrale, remercia en ces termes l'assistance des marques de sa sympathie éclairée en faveur d'un noble projet : Messieurs, le programme de la séance ne donnait pas la parole au président de la Commission centrale ; l'accueil que vous venez de faire à la communication de M. Gustave Lambert me fait un devoir de la prendre, devoir d'ailleurs fort agréable à remplir : ce serait être ingrat que de ne pas vous remercier cordialement au nom de notre futur voyageur, au nom du comité de patronage, au nom de la Société de Géographie. Dans l'époque actuelle, trop souvent l'œil et le cœur sont blessés au triste spectacle de préoccupations, de passions mesquines et égoïstes, qui agitent les esprits et troublent ou faussent les consciences. On n'en est que plus heureux de rencontrer sur sa route une pensée toute de dévouement, toute de science et d'honneur national, comme vous le disait M. Gustave Lambert; on est fier de s'y associer et de pouvoir se dire : Moi aussi, je suis pour quelque chose dans la réalisation de cette pensée !... Messieurs, ce sentiment vous est commun avec nous ; j'en atteste vos applaudissements de tout à l'heure, et nous avons la confiance que vous en serez au dehors les propagateurs, les apôtres fervents. Encore une fois, merci, Messieurs.

V.

Appréciation de chacun des trois projets. — Vœux de réalisation.

Tels sont les trois projets d'exploration au Pôle Nord. Résumons leurs conclusions et cherchons à établir, pour ainsi dire, le bilan des difficultés d'exécution et des chances de réussite de chacun d'eux.

Le capitaine Sherard Osborn propose la voie de la mer de Baffin, pour franchir les 7,400 kilomètres qui séparent l'Angleterre du Pôle ; il demande deux petits navires à hélices portant un équipage de 120 hommes tant officiers que matelots. Il fait voile au printemps pour la mer de Baffin, atteint le cap York au mois d'août, laisse un des navires avec vingt-cinq hommes d'équipage chercher un ancrage sûr au cap Isabelle, ou dans les environs.

Le second navire, monté par 85 marins, poursuit sa course en longeant la côte occidentale du canal Kennedy, jusqu'à la hauteur du cap Parry, sans s'éloigner de plus de 300 milles (555 kilom.) de son compagnon de route. En automne, le navire du sud, en organisant un certain nombre de dépôts d'approvisionnements, établit des communications avec le navire du nord, qui de son côté installe aussi dans la direction du Pôle, et aussi loin que possible de semblables dépôts. On emploie l'hiver à certaines reconnaissances, à certains travaux scientifiques, comme par exemple la mesure d'un arc du méridien ; et au printemps, à l'été, on se met en route pour explorer, en bateau ou en traîneau, les régions inconnues, passant au besoin un second hiver et un second été sur le théâtre des explorations. Les navires rallieraient enfin l'Angleterre ayant passé deux hivers et trois étés dans les régions arctiques voisines du Pôle.

Ce qui séduit tout d'abord dans ce projet c'est de pouvoir suivre jusqu'au 81e degré de latitude, une voie déjà frayée, et dont les abords sont connus ; c'est de reporter, à vrai dire, le point de départ de l'expédition aussi près du Pôle que possible, à ce 81e degré de latitude ; avec la certitude de pouvoir établir sur la côte même, où campa Hayes, vers le cap Lieber ou le cap Parry, le quartier général de l'expédition, et de pouvoir toujours se maintenir en rapport avec les postes que l'on aura laissé derrière soi. Mais aussi que de dangers, que de difficultés, que d'obstacles avant d'être établi au cap Parry (1) !

La navigation du Smith Sound est très-difficile, il

(1) M. Jules Verne les détaille, avec à propos, dans son ingénieux et intéressant ouvrage : *Les Anglais au Pôle Nord.*

faut à chaque instant louvoyer pour éviter les glaces flottantes, et si les navires peuvent atteindre le cap Isabelle, il paraît difficile, d'après les rapports de Kane et de Hayes, que l'on puisse les conduire au delà du port Foulque ou de la baie Rennselaër. On a bien, à la vérité, rencontré un chenal libre au delà du bassin de Kane, dans le canal de Kennedy, mais son abord est défendu par la grande banquise qui d'une côte à l'autre couvre tout le Bassin de Kane ; il en était ainsi du moins en août 1853, en juin 1855, en août 1860, en juillet 1861, lorsque Kane et Hayes firent leurs expéditions.

Il semble donc très-difficile, très-douteux que le capitaine Sherard Osborn puisse, d'après son plan, d'ailleurs admirablement combiné, conduire son second navire bien loin au delà du cap Isabelle, voire même jusqu'au cap De la Roquette, par 80° 10′ de latitude à l'extrémité du canal Kennedy (1) ; son exploration devra donc se faire en traîneau, le long des côtes, comme celle de Hayes : mais alors au prix de quelles fatigues ? Il faudra transporter non-seulement les vivres des hommes, mais encore le matériel, les instruments, et si l'on veut tenter la navigation de la mer libre, il faudra traîner une embarcation ou un canot avec tout son équipement.

C'est dans ce transport, qui nécessitera une *grande dépense de temps et de forces*, que réside à nos yeux le plus grand obstacle pour l'exploration par le Smith Sound. Nous ne doutons pas que l'énergie anglaise en triomphe, mais il est à craindre que ce ne soit qu'aux prix d'un temps précieux qui laisserait échapper la

(1) Jusqu'à présent les navires n'ont pas dépassé le 78° 45′ en pénétrant par le Smith-Sound vers le nord.

saison favorable pour l'accomplissement de l'expédition, c'est-à-dire l'exploration de l'espace qui s'étend du cap Lieber ou du cap Parry au Pôle (environ 1,700 kilom.). Il faudrait, en admettant tous les premiers obstacles vaincus et l'expédition arrivée au cap Parry, *y hiverner forcément* et remettre au printemps suivant la continuation de l'exploration; on arriverait alors à obtenir de bons résultats, mais aussi au prix de quels sacrifices? On pourrait, à la vérité, trouver des aides utiles parmi les esquimaux, et un appui précieux dans les établissements danois de la côte occidentale du Groenland; enfin, pour ne rien omettre, ajoutons qu'une chose peut encore puissamment militer en faveur de ce projet, c'est la grande expérience acquise par les Anglais, depuis vingt ans, de la navigation dans les mers arctiques américaines.

Par la voie du Spitzberg, que conseille Augustus Petermann, 4,500 kilomètres seulement séparent l'Angleterre et l'Allemagne du Pôle, cette proximité offre donc déjà un grand avantage; de plus la navigation, au printemps et en été, est toujours praticable jusqu'au Spitzberg occidental, jusqu'à la baie de la Magdeleine et au cap Hakluyt. Par cette voie un navire peut, dans la saison favorable, se rendre sans obstacles, sans dangers sérieux, immédiatement jusqu'au 79° de latitude, à 11 degrés seulement du Pôle. Cette première considération est donc bien séduisante. Maintenant, même en ne tenant pas compte des affirmations des anciens navigateurs hollandais qui assurent avoir pénétré *par mer* dans le voisinage immédiat du Pôle, si l'on se rappelle que Scoresby s'est avancé au commencement de ce siècle *avec son navire* jusqu'au 81° 30'; que Parry, en 1827, s'est avancé *en traîneau* jusqu'au 82° 45', et qu'il vit vers le nord-est la mer moins congelée, ce qui porte à croire que s'il eût attendu la débâcle, au lieu de l'affronter, il eût pu pénétrer avec son navire plus au loin vers le nord. Si enfin on veut tenir compte de la facilité que peut procurer le courant du Gulfstream dont les effets se font, dit-on, encore sentir à ces hautes latitudes, on conviendra que tout semble concourir pour faire accueillir avec faveur le projet du docteur A. Petermann. En quelques jours un navire peut se rendre d'Hammerfest, situé à l'extrême nord de l'Europe, à la baie de la Magdeleine ou au cap Hakluyt, et il serait par conséquent très-facile d'établir des communications avec le quartier général de l'expédition. Mais si, par la voie du Spitzberg, on a, pour ainsi dire, un point d'appui, de refuge, de ravitaillement, dans l'une des baies de la grande île vers le 79°, est-il avéré que l'on pourra pénétrer, sans trop de difficultés, vers le Pôle par le nord-est ou par le nord-ouest du Spitzberg ? D'après les dires des marins, rien de plus incertain que la tenue de la mer entre la Nouvelle-Zemble et le Spitzberg. Là, où pendant plusieurs années consécutives, un navire aura rencontré une banquise infranchissable, une autre année il trouvera la mer abordable, une autre année encore il pourra la trouver libre. De telle sorte que le projet du docteur A. Petermann nous sourirait à la condition qu'il ne s'agît pas d'une tentative isolée, bornée à une année seulement, mais bien que par des essais ou des avis successifs on pût être tenu au courant de l'état de la mer entre le Spitzberg et la Nouvelle-Zemble, de manière à profiter, à un moment signalé, de l'occasion unique qui pourrait se présenter. Ce qui peut-être augmenterait les chances de réussite, ce serait d'hiverner au Spitzberg, vers la baie de la Magdeleine, pour reprendre sur la glace, *en traîneau*, avant le mois de juin, en avril et en mai par exemple, la route tracée par Parry; et de pénétrer avec un canot en fer, pouvant se démonter en plusieurs pièces qui auraient été chargées sur un des traîneaux aussi loin que l'on pourrait vers le nord. On aurait la perspective d'explorer la mer libre si elle existe, et si les circonstances s'y prêtaient de revenir en canot vers le navire lorsque la débâcle se produirait en juillet ou en août. Mais ici deux grandes difficultés se présentent, il faudrait hiverner au Spitzberg!!! et il faudrait faire traîner par les hommes de l'équipage de lourds fardeaux, car il n'y a pas à espérer ici de pouvoir faire tirer les traîneaux par des Esquimaux, des chiens, comme dans le Smith Sound et sur les côtes du Groenland.

Donc par le projet allemand, moins de chemin à faire pour arriver sur le théâtre des premières opérations, moins de dangers et d'obstacles immédiats que par la voie du Smith Sound, mais en s'éloignant du dernier point d'appui de l'expédition, l'inconnu et l'imprévu! avec toutes leurs rigueurs, mais aussi avec la joie et toute la gloire si l'on triomphe!

Le projet français, par le détroit de Béering, est sans contredit le plus hardi et le plus audacieux. Pour que l'esprit public s'y rattache, comme il le fait d'ailleurs, il faut que l'on comprenne bien, en France comme à l'étranger, que l'on soit persuadé que, quoique venu le troisième, sa conception ne le rattache nullement aux deux précédents. Ainsi ceux-ci ne l'ont pas provoqué; il a été conçu, il est né dans la complète ignorance des projets de S. Osborn et de A. Petermann, sur le théâtre même où l'on doit le poursuivre : provoqué par la vue des glaces maigres ou inconsistantes qui vers le 73ᵉ degré de latitude sud couvrent la mer Polaire au nord-ouest du détroit de Béering ; provoqué par la vue de ces glaces qui semblent promettre le passage au marin assez hardi pour piquer droit au nord ; provoqué par le rapprochement de l'état physique de la mer à ces hautes latitudes avec la théorie d'insolation de Plana ; provoqué enfin par les enseignements que l'on peut puiser dans les traditions éparses de la navigation arctique.

Le navire équipé par les soins de M. Gustave Lambert aura, pour arriver sur le théâtre de son exploration, un long voyage à faire ; il lui faudra, il est vrai, gagner le détroit de Béering, soit par le cap Horn, soit par le détroit de Bonne-Espérance ; mais cette navigation est sans dangers, et c'est simplement ici une question de temps et d'argent. Cette longue navigation préparatoire pourra même être mise à profit par le chef de l'expédition, qui pourra établir sa base d'opérations à Honolulu, à San Francisco, ou dans un des ports du Japon ouverts aux Européens.

Mais aussi une fois arrivé au delà du détroit de Béering, comme dans cette direction on n'a pas dépassé le 73ᵉ degré de latitude, il *abordera immédiatement l'inconnu*, et : *si peu qu'il fasse dans cette direction, il fera quelque chose d'utile, et, nous en avons la conviction, quelque chose d'important.* Voilà pourquoi nous croyons devoir recommander particulièrement le projet de M. Gustave Lambert. Atteindra-t-il le Pôle ? Ce n'est pas à cette question que nous voulons répondre, pour le moment, c'est l'affaire du temps, des circonstances, de l'imprévu ; et personne n'a d'ailleurs le droit de dire que non ! Mais ce que nous savons, c'est que jusqu'à présent aucun des navires qui ont franchi le détroit de Béering n'ont eu le nord, le Pôle, pour objectif ; c'est que tous, une fois le détroit passé, tournaient à l'est en longeant les côtes américaines ou à l'ouest en longeant celles de l'Asie ; c'est que ce sera pour la première fois que par cette voie on se dirigera vers le Pôle; c'est que comme le navire sera armé, surtout dans le but d'une expédition scientifique, avec tous les moyens, toutes les ressources désirables; dans ces conditions il sera impossible qu'on ne fasse pas quelque chose. Ne serait-ce que relever et fixer sur la carte ces traces isolées de terres que Wrangell et d'autres marins ont signalées entre les 72 et 73 degrés de latitude, au nord-ouest du détroit de Béering, dans le voisinage du cap Jakan et des îles Plover et Herald! enfin il se peut que les savantes prévisions du voyageur se réalisent et qu'il conduise notre pavillon plus loin que tout autre vers ce point mystérieux, pivot de notre planète, le Pôle arctique.

Au point de vue scientifique général où nous nous plaçons, après avoir avoué nos sympathies, bien naturelles, pour le projet de notre confrère et ami M. Gustave Lambert, nous devons dire que nous n'avons pas de préférence marquée pour l'un des projets à l'entière exclusion des autres. Avec l'expérience que l'on a aujourd'hui des expéditions arctiques, avec les moyens simplifiés de préparatifs, d'agencements, la perfection des instruments d'observation, nous pensons que le voyage au Pôle est possible, qu'il n'y a pas seulement une route, qu'il y en a plusieurs et que chacune d'elles présente des difficultés et des chances de succès. Nous n'hésitons pas à le dire, nous serions heureux de voir les Anglais et les Allemands donner suite aux projets de Sherard Osborn et du docteur A. Petermann, concurremment avec l'expédition de M. Gustave Lambert. Sur le terrain de la science comme sur tant d'autres la France ne redouté pas l'émulation, elle la provoque. Il serait beau de voir un jour flotter vers le Pôle arctique les pavillons de la France, de l'Angleterre et de la Prusse; comme il y a trente années flottèrent, vers le Pôle antarctique, ceux de Dumont-d'Urville, de l'Anglais James Ross et de l'Américain Wilkes.

C'est sur le terrain de la Science et des grandes idées profitant à tous que nous admettons la seule rivalité possible entre des grandes nations. « Il est triste, dirons-nous avec Aug. Petermann, que, de nos jours, les gouvernements des nations les plus civilisées, qui possèdent en grande quantité les vaisseaux, les hommes et l'argent nécessaires pour les expéditions maritimes de ce genre, n'emploient toutes ces richesses que comme machines de guerre et moyens de destruction, et refusent leur participation à ces grandes œuvres de paix et de civilisation...... C'est une honte pour notre génération si active, et, comparée avec celle des époques antérieures, si riche au point de vue matériel, que nous connaissions si peu la Terre que nous habitons, et qu'une carte de notre globe soit beaucoup moins complète et moins exacte qu'une carte de la Lune (1). »

Enfin à ceux qui croiraient que la pensée d'un voyage au Pôle Nord est seulement inspirée par une fantaisie spéculative nous répondrons avec M. Vivien de Saint-

(1) Lettre du Dr A. Petermann à M. Ch. Maunoir, secrétaire du comité de patronage pour l'expédition au Pôle Nord.

Martin : Un projet émané d'un des hommes les plus experts de la marine anglaise, repris d'abord par le géographe le plus autorisé de l'Allemagne, puis par un Français, homme d'action en même temps que homme de science, M. Gustave Lambert, un projet, disons-nous, chaudement appuyé par les marins les plus éminents et par les savants les plus considérables de l'Europe, un tel projet touche à quelque chose de plus qu'à la simple curiosité !..... La route du Pôle est déblayée ; il faut maintenant que le drapeau de l'Europe, symbole du courage et de la science, soit arboré sous le Pôle même. C'est une des gloires scientifiques que réclame notre époque (1).

(1) Vivien de Saint-Martin, *Le Tour du Monde, Revue Géographique* du 1er semestre de 1867. — L'*Année Géographique*, pour 1866.

V. A. Malte-Brun.

Janvier 1868.

APPENDICE.

Opinion de M. le baron N. de Schilling, de la marine Impériale de Russie, sur la possibilité d'atteindre le Pôle Nord par la voie du détroit de Béering.

Nous avons conservé au projet de M. Gustave Lambert, par la voie du détroit de Béering, le nom de *projet français*, parce que M. Gustave Lambert l'a fait passer de l'état de simple discussion spéculative à un commencement d'exécution en y intéressant le public français, et en provoquant une souscription publique. Mais notre impartialité nous fait un devoir de reconnaître qu'il y a bientôt trois ans que M. le baron de Schilling, de la marine impériale de Russie, appréciant, dans le n° 5 du *Recueil maritime* (*Morskoï Zbornik*) de mai 1865, les deux projets anglais et allemand, émettait, dans un excellent article que nous reproduisons plus loin, l'avis qu'il y aurait avantage à tenter de gagner la *Polynia*, ou mer libre, par la voie du détroit de Béering.

Du reste, M. Gustave Lambert a reconnu lui-même la préexistence de l'idée de M. le baron de Schilling dans sa communication faite à la Société de Geographie de Paris, en séance publique, le 14 décembre 1866 (1).

L'article de M. le baron de Schilling a été reproduit dans *Le Nord* du 5 février, et le traducteur, M. Georges de Poggenpohl fait remarquer avec raison, que la

(1) Voir le *Bulletin de la Société de Géographie* de février 1866, page 187.

reproduction des motifs donnés par M. de Schilling, loin de nuire à l'entreprise de M. Lambert, viendra, au contraire, à l'appui de son projet par des considérations nouvelles, et ne pourra que l'encourager dans la voie qu'il suit avec tant de persévérance et d'énergie.

Voici ce que M. de Schilling écrivait en mars 1865 :

Tous les navigateurs ont constaté entre le Spitzberg et la côte orientale du Groenland un fort courant qui se dirige du nord-est au sud-ouest et qui entraîne continuellement dans cette direction d'énormes masses de glaces flottantes. Souvent les navires ont éprouvé, de la manière la plus désagréable, l'influence de ce courant, lorsqu'il les entraînait avec les glaces à des centaines de milles dans le sud-ouest, et cela contre le vent et malgré tous les efforts de l'équipage. Après avoir poussé les glaces sur la côte orientale du Groenland, ce courant du nord-est y entasse les glaçons les uns sur les autres et les resserre au point que la navigation dans ces parages devient complétement impossible. Ce même phénomène, observé sur les côtes orientales du Spitzberg et de la Nouvelle-Zemble, ainsi que tout le long de la côte septentrionale de la Sibérie, permet d'affirmer de la manière la plus positive qu'il est ici encore le résultat de la même cause, c'est-à-dire, du courant général de l'Océan arctique vers le sud-ouest.

La navigation relativement facile le long des côtes occidentales de la Nouvelle-Zemble, du Spitzberg et du Groenland, dans une mer abritée par ces îles de glaces flottantes, confirme l'existence d'un pareil courant, qui d'ailleurs n'est plus contestée par personne, et à laquelle il faut tout particulièrement attribuer le succès des navigateurs à l'ouest du Spitzberg. Il est douteux seulement que le groupe seul des îles Spitzberg soit en état d'arrêter les masses énormes de glaces qui occupent une étendue de plusieurs milliers de milles carrés, et de les maintenir toujours dans la même position entre le Spitzberg et la Nouvelle-Zemble. Cette particularité ainsi que la facilité relative avec laquelle on peut aborder les côtes septentrionales du Spitzberg ne font-elles pas supposer qu'il doit se trouver entre cette île et la Nouvelle-Zemble une terre encore inconnue qui s'avance au Nord au delà du Spitzberg et qui arrête le mouvement des glaces? Si cette terre n'existait pas, il serait plus que probable que par suite du courant dans le sud-ouest, le cap Nord et tout le nord de la Laponie seraient couverts de glaces éternelles comme le sont les côtes de la Sibérie. Si cette terre supposée existe réellement, on peut espérer pouvoir atteindre avec un navire à hélice de très-hautes latitudes en longeant la côte occidentale de cette terre.

Dans le troisième cahier de 1865 des *Geographische Mittheilungen* a paru un très-remarquable article du Dr Petermann qui recommande de choisir la voie maritime au nord du Spitzberg comme la meilleure pour atteindre le Pôle. Tout en reconnaissant la valeur des preuves avancées par le savant allemand, il me semble qu'en prenant en considération ce qui a été dit plus haut, il faut se diriger à partir du Spitzberg, non pas directement dans le nord, mais appuyer davantage au nord-est jusqu'à la découverte des terres nouvelles. En tout cas, on est en droit d'espérer un bien plus grand succès en prenant cette direction qu'en faisant une expédition en traîneaux comme celle proposée par le capitaine Osborn et qui malgré le grand intérêt scientifique qu'elle présente, mènera difficilement jusqu'au Pôle, à cause des glaces flottantes qu'elle doit rencontrer au nord du Groenland et qui présenteront un obstacle sérieux à une expédition en traîneaux ainsi que l'a prouvé le voyage de Parry. Tout en accordant au projet du docteur Petermann une supériorité réelle sur celui du capitaine Osborn, je ne prétends aucunement que la voie du Spitzberg soit l'unique route pour atteindre le Pôle. Au contraire, je me permettrai de proposer plus loin une voie tout à fait nouvelle, une voie *essentiellement russe* qui sera peut-être tout aussi praticable et qui mènera aussi bien au but proposé.

J'ai dit plus haut que le courant vers le sud-ouest a été constaté sur toutes les côtes de la mer polaire, depuis le détroit de Béering jusqu'au Groenland. Ce courant occupe ainsi les deux tiers de toute l'étendue de l'océan Arctique. Par suite de la rotation de la Terre de l'ouest à l'est, il eût fallu s'attendre à voir toutes les glaces qui descendent du Pôle Nord prendre la direction du sud-ouest et former ainsi un mouvement de rotation autour du Pôle. Or, à notre grand étonnement, nous voyons un tout autre phénomène se produire au nord du continent américain.

Tous les détroits du grand archipel qui forme la partie septentrionale de ce continent, dont l'ouverture est exposée au nord et à l'ouest, sont toujours encombrés par les glaces, tandis que la partie septentrionale des détroits de Barrow et de Lancastre, s'étendant à l'abri de la côte des îles situées au nord, présentent beaucoup moins d'obstacles à la navigation. Cela seul suffirait pour constater que dans cette partie de l'océan polaire le courant se dirige du nord-ouest au sud-est; je ne puis pas ne pas rappeler ici l'épouvantable mouvement des glaces dans le détroit de Banks si éloquemment dépeint par Mac-Clure et par les autres navigateurs qui ont visité ces parages.

Ce courant se dirige vers le sud-est et remplit de glaces épaisses les détroits de Mac-Clintock et de la reine Victoria, jusqu'à la Terre du Roi Guillaume; il est si fort qu'il pousse les glaces les unes sur les autres, et souvent cela jusque sur la plage. C'est à ce courant qu'il faut attribuer la perte de l'expédition du célèbre Franklin. Si ce zélé serviteur de la science, après avoir heureusement traversé les détroits de Peel et de Franklin, au lieu de longer la côte occidentale de la Terre du Roi Guillaume, eût marché à l'est de cette île par le détroit de Ross, il se serait trouvé abrité par la côte contre le violent mouvement des glaces venant de l'ouest et son expédition aurait probablement eu une tout autre issue.

En parlant des preuves qui constatent le fort courant du nord-ouest au sud-est qui domine dans les détroits de l'archipel septentrional de l'Amérique, j'ai oublié de mentionner un fait qui constate d'une manière absolue la constance de ce courant. Le navire anglais le ***Resolute***, abandonné en mai 1854 par le capitaine Kellet dans les glaces près du cap Cockburn, dans le détroit de Barrow, a été retrouvé par un baleinier américain en septembre 1855 dans le détroit de Davis, près du cap Mercy, par 66° 30′ de latitude nord. Ce navire a été ainsi drossé par le courant, qui lui a fait parcourir 1,000 milles.

Il résulte de ce qui précède qu'il existe dans l'océan Arctique deux principaux courants qui apportent des masses énormes de glaces polaires : l'un qui occupe la plus grande partie de l'Océan et qui se dirige vers le sud ouest, l'autre qui se porte dans une direction presque opposée, vers le sud-est.

Comment s'expliquer ce phénomène étrange? Où et comment se produit la séparation de ces deux courants dans l'une et dans l'autre direction? En examinant la carte de l'océan Polaire dans le but de s'expliquer ce phénomène, on arrive naturellement à cette conviction qu'entre le détroit de Béering et le Pôle, ou quelque part dans les environs, doit se trouver une terre encore inconnue dont les côtes ont une telle direction qu'elles repoussent le grand courant de la mer polaire et le dirigent dans l'Est, vers les détroits septentrionaux de l'archipel américain. Tout fait supposer que la partie sud-est de cette terre se trouve assez près de la Terre de Banks, parce qu'autrement toute la partie de la côte américaine, depuis le détroit de Béering à l'est, et surtout le détroit de Dauphin et Union, seraient toujours encombrés de glaces, comme c'est le cas dans le détroit de Banks.

En admettant l'existence de cette terre, il faut supposer que sa côte occidentale, garantie du courant général de la mer polaire qui se dirige vers le sud-ouest, présentera à la navigation les mêmes avantages que les côtes occidentales du Spitzberg, de la Nouvelle-Zemble et du Groenland. Les immenses *Polynias* (1) qui ont été vues au nord des glaces compactes de la côte sibérienne par nos honorables amiraux Wrangell et Anjou, parfaitement dignes de confiance, ainsi que par plusieurs pêcheurs et chasseurs russes, justifient cette supposition, sans laquelle il serait difficile de comprendre comment de si vastes *Polynias* auraient pu

(1) Le mot *polynia* veut dire en russe : endroit non gelé entre les glaces.

exister au delà des glaces éternelles de la froide Sibérie.

Jusqu'ici cette partie de la mer *n'a jamais été explorée* par une expédition maritime. Les expéditions de Laptef, de Prontchistchef et de Sarytchef, ou plutôt de Billings, et de tant d'autres, ont été toutes, sans exception, très-mal organisées ; et, tout en rendant pleine justice aux travaux de ces marins, on ne peut pas ne pas reconnaître qu'ils ne pouvaient avoir aucun succès ; car, d'après leurs instructions, ils devaient faire la description et la carte de côtes toujours encombrées de glaces et où la navigation est tout aussi impossible que sur la côte orientale du Groenland.

L'exploration de cette partie encore complétement inconnue de la mer polaire située au nord des glaces de la Sibérie, présentera certainement des difficultés et des dangers, mais on ne peut pas affirmer qu'elle soit impossible. Toute la question est de savoir comment on pourrait y parvenir avec un navire. Selon moi, il faudrait, après avoir traversé le détroit de Béering, se diriger dans le détroit qui sépare le cap Jakan (sur la côte sibérienne) de la terre élevée qui a été aperçue vers le 180° de Greenwich et qui est indiquée sur toutes les cartes récentes par cette dénomination : « Hautes montagnes vues de loin. » Il est douteux que ce soit la continuation de la même terre dont j'ai parlé plus haut et qui, selon toutes les probabilités, est plus rapprochée de celle de Banks, mais il est probable qu'entre ces « hautes montagnes » et la terre inconnue précitée, il se trouve une suite non interrompue d'îles qui retiennent les glaces dans une situation fixe au nord du détroit de Béering.

Comme la voie que je propose est *entièrement nouvelle*, il est difficile de prédire ce qu'on y rencontrera ;

il faut néanmoins supposer que les glaces rendront le passage difficile seulement dans ce détroit à cause du courant général vers l'Ouest qui existe également ici, comme le prouve le bois flottant amené des fleuves américains sur les côtes de Tchoukotsky. En attendant, la largeur de ce détroit (près de 70 milles, comme cela est indiqué sur les cartes), ainsi que la mer libre de glace que Wrangell a vue dans le milieu de ce détroit même au mois de mars, font espérer qu'en saisissant le moment propice où la tempête aura nettoyé un peu le passage, on pourrait le franchir et, après avoir ainsi vaincu la plus grande difficulté, doubler la pointe méridionale des « hautes montagnes, » dont la côte occidentale présentera probablement pour la navigation moins de difficultés, par les raisons expliquées plus haut.

La route ultérieure dépendra exclusivement des circonstances intimement liées aux conditions locales du courant de la mer. En admettant même que des causes inconnues quelconques empêchent de s'élever le long de la côte occidentale de la terre inconnue à de très-hautes latitudes, on peut néanmoins supposer qu'en continuant la route dans le Nord-Ouest par les parages où l'on a vu la mer libre de glaces (les Polynias), on arriverait au nord des îles de la Nouvelle-Sibérie sans avoir rencontré des obstacles insurmontables.

Je m'arrête ici, parce que tout ce qui se trouve plus loin à l'Ouest nous est complétement inconnu, quoiqu'il soit plus que probable que la mer libre de glace qu'on a vue au large des glaces sibériennes depuis le détroit jusqu'aux îles de la Nouvelle-Sibérie, s'étende bien au delà encore à l'Ouest, de manière qu'on pourrait bien réussir à doubler ainsi l'Asie et à revenir en Europe par l'océan Atlantique. Le principal inconvénient de cette route — l'éloignement du détroit de Béering — augmentera les frais d'une pareille expédition comparativement à celle par le Spitzberg, mais, par contre, il est probable que les obstacles que présentent les glaces au nord de l'Asie dans une mer libre de glaces, même au printemps, seront moins considérables que ceux qu'on rencontre au nord du Spitzberg.

Ces combinaisons, basées en partie sur des hypothèses, ont néanmoins une certaine probabilité : il est donc désirable qu'on les vérifie par la pratique. En tout cas, une pareille expédition enrichirait la science de nouvelles données, et serait encore utile, au point de vue matériel, si l'on parvient à constater que la mer dans ces parages ou les îles qui s'y trouvent permettent d'espérer de riches bénéfices au point de vue de la pêche de la baleine et d'autres entreprises analogues.

Dans le cas d'une réussite, une expédition, envoyée dans cette partie de l'océan Arctique, peut avoir pour résultats d'importantes découvertes dont l'honneur doit revenir naturellement à la Russie. Notre gouvernement s'est toujours préoccupé des succès de la science et a constamment contribué à augmenter les notions sur les pays peu connus. Cela a été reconnu même par les étrangers qui ne sont pas toujours justes à notre égard (!). C'est ainsi, que tout récemment encore, le président de la Société géographique de Londres, le savant Sir Roderick I Murchisson, a appelé dans son compte rendu annuel, l'attention sur les derniers progrès de la science géographique en Russie.

Le célèbre géographe allemand, le docteur Petermann, constate également et à plusieurs reprises, dans ses admirables ***Mittheilungen über Geographie,*** que de toutes les puissances il n'y a que l'Angleterre seule qui s'intéresse plus que la Russie au progrès de la géographie. Constatons à cette occasion que dans les régions polaires nous avons même pendant un certain temps dépassé les Anglais. Notre côte septentrionale de la Sibérie a été décrite près d'un siècle avant que les Anglais eussent exploré la côte septentrionale de l'Amérique qui leur appartient et la latitude est infiniment moins élevée que celle de la côte sibérienne.

Dans ces derniers temps, par ses expéditions à la découverte du passage du Nord-Ouest et à la recherche de Franklin, l'Angleterre nous a incontestablement distancé de beaucoup. On aura beau traiter de vanité enfantine une pareille rivalité, mais je ne puis cacher que ma joie serait grande si nous pouvions par la nouvelle route que je propose atteindre le but vers lequel les Anglais tendent infructueusement et depuis si longtemps, malgré tous leurs efforts. La réussite est possible, quoiqu'il soit peut-être prématuré de se bercer de pareilles espérances.

Les frais que nécessite une expédition de ce genre, *si elle est conçue de manière à pouvoir aboutir à un résultat*, doivent être très-considérables. Je pense néanmoins que ces frais ne constitueraient pas une charge trop lourde, si on les répartissait en plusieurs années. ***Un solide transport à hélice, également susceptible de marcher à la vapeur ou à la voile, est indispensable*** pour une pareille expédition. Si même on était obligé de le faire construire exprès, à son retour du voyage, il pourrait certainement être encore longtemps employé utilement ; ainsi l'on ne devrait porter au compte de l'expédition que les dépenses pour l'armement spécial du navire et l'approvisionnement de l'équipage en vue des nécessités d'une pareille entreprise. Les dernières expéditions anglaises, faites dans d'excellentes conditions, peuvent nous servir, sous ce rapport, d'admirable exemple.

30 mars 1865. N. Schilling.

Ce que le savant marin russe appelle modestement des hypothèses et des suppositions, et ce qui est, au contraire, la conséquence forcée et logique d'une déduction et d'un raisonnement appuyés sur des données positives d'une science acquise, vient d'être, ajoute M. G. de Poggenpohl, confirmé par une découverte récente faite dans l'Océan polaire au delà du détroit de Béering par un baleinier américain. Voici ce que disait, à ce sujet, le *Nord*, dans son numéro du 9 janvier courant :

Au moment où l'on s'occupe en France d'un projet de voyage à la découverte du pôle Nord, nous croyons intéressant de mettre sous les yeux de nos lecteurs la nouvelle suivante, que nous trouvons dans le *Messager de Cronstadt :*

« Le *Honolulu Advertiser* du 14 novembre, dit la feuille de Cronstadt, publie le récit du capitaine Lang, commandant le navire baleinier le *Nil*, sur la découverte qu'il a faite d'une nouvelle terre près du Pôle Nord. De mémoire de baleinier, jamais la température de l'air n'a été aussi élevée dans l'océan Arctique que dans le courant de cet été, ce qui a permis aux pêcheurs de baleines partant des îles Sandwich pour la station du détroit de Béering de parvenir à des latitudes bien plus hautes qu'à l'ordinaire.

« Le capitaine Lang atteignit ainsi le 73° de latitude nord et vit, presque sur le méridien du détroit de Béering, par 180° de longitude (?), une côte surmontée d'une montagne de 3,000 pieds de haut qui avait l'apparence d'un volcan éteint. Le capitaine Lang longea la côte méridionale de cette terre pendant plusieurs jours, à une quinzaine de milles de distance de la plage, en dressa une carte approximative et en fit la description. Il donna à cette terre le nom de *Wrangell's land*, en l'honneur, dit-il, du marin russe qui a fait beaucoup de découvertes importantes dans ces contrées (c'est évidemment du capitaine, ensuite amiral F.-P. Wrangel, qu'il s'agit).

« La côte de la Terre Wrangell est assez élevée, mais les parties basses ne sont pas couvertes de neige, et dans plusieurs endroits l'on voit de la végétation. La pointe orientale de cette terre a été nommée par le capitaine Lang *Cape Thomas*, du nom du matelot qui l'avait signalée; une autre pointe a reçu le nom de *Cape Harvan.* Il a été impossible de constater jusqu'où cette terre s'étend dans le nord, mais de hautes chaînes de montagnes se dirigeaient au nord à perte de vue.

« La découverte de cette terre attirera probablement l'année prochaine dans ces parages beaucoup de baleiniers et même des navires de quelques puissances maritimes dans le but d'en faire une description exacte. Il se peut que ce soit là la voie la plus directe qui mènera au Pôle, et cela d'autant plus facilement qu'il n'y a pas de raison pour supposer qu'on rencontre beaucoup de glaces dans ces parages, car la côte de cette terre semble s'étendre dans la direction du Gulf-Stream qui contourne le cap Nord et la Nouvelle-Zemble. »

M. Georges de Poggenpohl, qui lui-même a navigué dans ces mers, ajoute qu'il se peut que la *Terre de*

Wrangell — puisque c'est le nom que lui a donné le capitaine américain — soit ce que M. Schilling appelle les «hautes montagnes vues de loin(1)», ou que ce soit la *Terre inconnue* qui, selon lui, arrête le courant polaire en lui imprimant une direction vers le sud-est, vers l'archipel de l'Amérique septentrionale, toujours est-il que l'étendue probable que lui accorde M. Lang semble exclure la supposition de la présence d'un archipel. Il se pourrait donc bien, vu surtout la situation approximative de la partie des côtes parcourues par le baleinier américain, que la Terre Wrangell fût précisément celle dont l'existence a été pressentie par M. de Schilling. Mais ce qui est déjà certain, en tant qu'on peut se rapporter à l'exactitude des renseignements fournis par la feuille des îles Sandwich, c'est que la navigation doit être relativement facile vers le nord, à l'abri de la côte occidentale de la Terre de Wrangell, jusqu'à une latitude très-élevée et peut-être même jusqu'au Pôle, surtout si, comme cela est très-possible, les eaux du Gulf-Stream viennent se mêler à celles des *Polynias*.

(1) Cette première supposition est aussi la nôtre, ainsi que nous l'avons dit au cahier des *Annales des Voyages* de janvier 1868, page 121, en note. V. A. M.-B.

TABLE DES MATIÈRES.

CHALLAMEL AINÉ, ÉDITEUR.

OUVRAGES DU MÊME AUTEUR.

Révision. — MALTE-BRUN, GÉOGRAPHIE COMPLÈTE ET UNIVERSELLE, *ou description de toutes les parties du monde, sur un plan nouveau*. Nouvelle édition, continuée jusqu'à nos jours d'après les documents scientifiques les plus récents, les derniers voyages et les dernières découvertes. Paris, 1851-1855. 8 volumes grand in-8° avec gravures.

LA FRANCE ILLUSTRÉE. *Géographie*, *Histoire*, *Administration et Statistique* 2 volumes grand in-8° de 52 feuilles chacun, ornés de 310 gravures sur bois avec un atlas (formant un troisieme volume) de 105 cartes dressées par *A. H. Dufour* et lithographiées par *Erhard-Schièble*. Paris, 1852-1855.

PROGRÈS DES SCIENCES GÉOGRAPHIQUES EN 1851. Résultats obtenus par les plus récents voyageurs à cette époque; broch in-8°, Paris, 1855.

NOTICE GÉOGRAPHIQUE ET HISTORIQUE SUR LA NOUVELLE-CALÉDONIE, lue à la séance générale de la Société de géographie du 30 avril 1854; broch in-8°, Paris, 1854.

COUP D'OEIL D'ENSEMBLE SUR LES DIFFÉRENTES EXPÉDITIONS ARCTIQUES, ENTREPRISES A LA RECHERCHE DE SIR JOHN FRANKLIN ET SUR LES DÉCOUVERTES GÉOGRAPHIQUES AUXQUELLES ELLES ONT DONNÉ LIEU; broch. in-8° *avec une carte*, Paris, 1855.

LES CARTES GÉOGRAPHIQUES A L'EXPOSITION UNIVERSELLE DE 1855; une br. de 5 feuilles in-8°, Paris, 1855.

NOTICE SUR LES DÉCOUVERTES RÉCENTES DES MISSIONNAIRES ANGLAIS DANS L'AFRIQUE ÉQUATORIALE ET SUR L'EXISTENCE DE PLUSIEURS GRANDS LACS DANS L'INTÉRIEUR DE CE CONTINENT; une broch. in-8° *avec une carte*, Paris, 1856.

RÉSUMÉ HISTORIQUE DE LA GRANDE EXPLORATION DE L'AFRIQUE CENTRALE FAITE DE 1850 A 1855, PAR J. RICHARDSON, H. BARTH, A. OVERWEG, AVEC UNE CARTE ITINÉRAIRE; 1 broch. in-8° de 7 feuilles, Paris, 1856.

RÉSUMÉ HISTORIQUE DES EXPLORATIONS FAITES DANS L'AFRIQUE CENTRALE DE 1849 A 1856, PAR LE REV. DOCTEUR DAVID LIVINGSTONE, AVEC UNE CARTE ITINÉRAIRE; 1 broch in-8° de 6 feuilles, Paris, 1857.

SUR LES DIFFÉRENTS PROJETS DE COMMUNICATION INTEROCÉANIQUE, PAR LE GRAND-ISTHME DE L'AMÉRIQUE CENTRALE; Introduction de 52 pages, *avec une carte*, du projet d'un canal maritime sans écluses, entre l'Océan Atlantique et l'Océan Pacifique à l'aide des rivières Atrato et Truando; par M. KELLEY de New-York; broch. in-8° de 5 feuilles. Paris, 1857.

ESQUISSE HISTORIQUE SUR LES GRANDES CARTES TOPOGRAPHIQUES DE LA FRANCE, SUIVIE D'UN TABLEAU COMPARATIF DES CARTES TOPOGRAPHIQUES PUBLIÉES EN EUROPE PAR LES SOINS ET SOUS LES AUSPICES DES GOUVERNEMENTS. 1 broch. in-8° de 20 pages; Paris, 1858.

Itinéraire historique et archéologique de Philippeville a Constantine, accompagné d'une carte itinéraire présentant le tracé de l'ancienne voie romaine, de la route actuelle et du chemin de fer projeté. 1 broch. in-8°, *avec une carte*; Paris, 1858.

Résumé historique de l'exploration faite dans l'Afrique centrale, de 1853 a 1856, par le Docteur Edouard Vogel, *avec une carte itinéraire*. 1 broch. in-8° de 4 feuilles; Paris, 1858.

ésumé historique de l'exploration a la recherche des grands lacs de l'Afrique orientale, faite de 1857-1858, par R. F. Burton et J. H. Speke, *avec une grande carte*. Une broch. in-8° de 4 feuilles. Paris, 1859.

La destinée de Sir John Franklin dévoilée. 1 broch. in-8° 2 feuilles, *avec une carte*. Paris, 1860.

Les dernières explorations du Dr Alfred Peney dans la région du hau fleuve Blanc. Extraits de ses papiers et de son journal de voyage, mis en ordre et accompagnés de notes et d'une carte. 1 broch. in-8° de 72 pages, *avec une carte*. Paris, 1863.

La Sonora et ses mines. Esquisse géographique. 1 broch. in-8° de 32 pages *avec une carte*; Paris, 1864.

Un Coup d'oeil sur le Yucatan, géographie, histoire et monuments. 1 broch. in-8° de 34 pages *avec une carte*; Paris, 1864.

Canal interocéanique du Darien. Notice historique et géographique sur l'état de la question du canal du Darien. 1 broch. in-8° de 32 pages, *avec une carte*; Paris, 1865.

Résumé historique et géographique de l'exploration de Gérhard Rohlfs au Touat et a In Salah, d'après le Journal de ce voyageur, publié par les soins d'Aug. Petermann, avec une carte d'ensemble des voyages de H. Duveyrier et G. Rohlfs dans l'Afrique septentrionale occidentale. Un vol. in-8° de 152 pages; Paris, 1866.

Histoire de Marcoussis, de ses seigneurs et de son monastère. 1 vol. petit in-8° de 420 pages, *avec carte et gravures*, ouvrage de bibliophile, tiré à petit nombre. Paris, 1867, chez Aubry.

Notice historique et archéologique sur l'ancienne Commanderie du Déluge, près de Marcoussis. 1 broch. petit in-8° de 20 pages avec sceau gravé. Paris, 1867, chez Aubry.

Rapports faits a la Société de Géographie de Paris en assemblée générale, sur les travaux de la Société de Géographie et les progrès des sciences géographiques pendant les années 1860—1861—1862—1863—1864—1865—1866. Six brochures in-8° de 5 à 6 feuilles chacune.

Paris. — Imprimé par E. Thunot et Ce, 26, rue Racine.

CHEZ CHALLAMEL AÎNÉ : **DÉPOT DES CARTES ET PLANS PUBLIÉS PAR LE MINISTRE DE LA GUERRE.**

BATAILLES NAVALES DE LA FRANCE, par O. TROUDE, ancien officier de la marine, publié par P. LEVOT, conservateur de la bibliothèque du port de Brest. 4 vol. in-8. 24 fr.

ROCHEFORT (port militaire de la France), par BOUCHET, inspecteur adjoint de la marine. Grand in-8 avec plan et vues. 3 fr. 75

CHERBOURG (port militaire de la France), par DE BON, commissaire général de la marine. Grand in-8 avec plan et vues. 3 fr. 75

LORIENT (port militaire de la France), par J. HÉBERT, commissaire de la marine. Grand in-8 avec plan et vues. 3 fr. 75

MANUEL DU SERVICE ADMINISTRATIF A BORD DES BATIMENTS DE L'ÉTAT, par F. GRIFFON DU BELLAY, sous-commissaire de la marine. Grand in-8. 6 fr.

MANUEL DU MAGASINIER DE LA FLOTTE, publié avec l'approbation de S. Exc. le ministre de la marine, par BLACHE, agent comptable de la marine. Gr. in-8, 2 fr. 50

MANUEL DU COMPTABLE des matières, à l'usage des gardes-magasins (sectionnaires, magasiniers, préposés de dépôt, etc.), par BLACHE. Grand in-8. 3 fr.

HISTOIRE ET DESCRIPTION DE LA BASSE COCHINCHINE, par G. AUBARET, 1 vol. grand in-8 et belle carte de la basse Cochinchine. 8 fr.

CODE ANNAMITE. Lois et règlements du royaume d'Annam, traduits du texte chinois original par G. AUBARET. 2 vol. grand in-8. 10 fr.

GRAMMAIRE ANNAMITE, SUIVIE D'UN VOCABULAIRE FRANÇAIS-ANNAMITE ET ANNAMITE-FRANÇAIS, par G. AUBARET, capitaine de frégate, consul de France à Bangkok, publié par ordre de S. Exc. le ministre de la marine et des colonies. 1 beau vol. grand in-8. 20 fr.

GRAMMAIRE ANNAMITE, (seule), par G. AUBARET. 1 vol. grand in-8. 5 fr.

SOUVENIRS DE L'EXPÉDITION DE COCHINCHINE (1861-1862), par un lieutenant de l'ex-101e. In-18. 1 fr. 50

BIBLIOGRAPHIE ANNAMITE, livres, recueils périodiques, manuscrits, plans, etc. par BARBIÉ DU BOCAGE. In-8. 2 fr. 50.

MARTIN HYLACOMYLUS WALTZMULLER, ses ouvrages et ses collaborateurs. Voyage d'exploration et de découvertes à travers quelques épîtres dédicatoires. Préfaces et opuscules en prose et en vers du commencement du XVIe siècle, etc., par un géographe bibliophile (M. D'A., de l'Institut). In-8. 8 fr.

RELATIONS ET MÉMOIRES INÉDITS pour servir à l'histoire de la France dans les pays d'outre-mer, tirés des archives du ministère de la marine, par P. MARGRY, In-8. 6 fr.

LES ARCHIVES DU CONSULAT GÉNÉRAL DE LA FRANCE ET DE L'ALGÉRIE. Recueil de documents inédits concernant soit les relations politiques de la France, soit les rapports commerciaux de Marseille avec l'ancienne régence d'Alger, par ALBERT DEVOULX, conservateur des archives arabes du service de l'enregistrement et du domaine à Alger, etc., etc. In-8. 3 fr. 50

Paris.— Imprimé par E. Thunot et Ce, 26, rue Racine, près de l'Odéon.

www.ingramcontent.com/pod-product-compliance
Ingram Content Group UK Ltd.
Pitfield, Milton Keynes, MK11 3LW, UK
UKHW022108260726
13993UKWH00001B/375